EVA GAIGG

SAUCEN SELBST GEMACHT

Stocker

Eva Gaigg

Saucen selbst gemacht

Von der Béchamel- zur Zwiebelsauce, Chutney, Dip, Pesto, Fond & Co.

Leopold Stocker Verlag
Graz – Stuttgart

Umschlaggestaltung: Anita Schöberl, Graz
Umschlagfoto: Günter Hauer, Graz
Fotos im Textteil: Die Fotos auf den Seiten 19, 55, 87 und 113 sind von Kochen und Küche Zeitschriftenverlags- und Handelsges.m.b.H, Jennersdorf.
Die restlichen Fotos wurden dem Verlag von der Autorin freundlicherweise zur Verfügung gestellt.

Die Deutsche Bibliothek – CIP-Einheitsaufnahme

Gaigg, Eva:
Saucen selbst gemacht : Von der Béchamel- zur Zwiebelsauce, Chutney, Dip, Pesto, Fond & Co. / Eva Gaigg. – Graz ; Stuttgart : Stocker, 2002
ISBN 3-7020-0948-5

Hinweis:
Dieses Buch wurde auf chlorfrei gebleichtem Papier gedruckt.
Die zum Schutz vor Verschmutzung verwendete Einschweißfolie ist aus Polyethylen chlor- und schwefelfrei hergestellt. Diese umweltfreundliche Folie verhält sich grundwasserneutral, ist voll recyclingfähig und verbrennt in Müllverbrennungsanlagen völlig ungiftig.

ISBN 3-7020-0948-5

Printed in Austria
Gesamtherstellung: Druckerei Theiss GmbH, A-9400 Wolfsberg

Inhalt

INHALT

INHALT

INHALT

KALTE SAUCEN

INHALT

DIPS

INHALT

CHUTNEYS & RELISHES

SALATDRESSINGS

PESTO

INHALT

Vorwort

Wie sich die Zeiten ändern und doch auch wieder ähneln!
Holten die Frauen unserer Vorfahren, als diese noch Jäger und Sammler waren, Wacholderbeeren, Wildkarottenwurzeln, Kastanien, gedörrtes Wildobst sowie getrocknete Pilze und Beeren aus ihrem Vorratslager, um die bisweilen magere Jagdausbeute der Männer durch diese einfachen, aber köstlichen Naturalien zu bereichern, so greifen immer mehr moderne Hausfrauen – auf Großmutters Tradition aufbauend – zu selbstfabrizierten und pikant verarbeiteten kleinen kulinarischen Köstlichkeiten, die sie in bunten Gläsern, Steinguttöpfen und ähnlichen Behältern als besondere Vorratsschätze lagern, um dem Gusto ihrer Lieben an delikaten Beilagen zu Gemüse, Fleisch-, Fisch- und Nudelgerichten rasch gerecht zu werden.
Auch wenn sich die Ausgangsstoffe für die genannten Beilagen seit damals teilweise grundlegend geändert bzw. eine große Bereicherung erfahren haben, so ist ihnen doch eines gemeinsam: ob eine Mischung aus gebratenen Kastanien, Preiselbeermus und abgelegenen Holzbirnen, wie sie unsere früheren weiblichen Vorfahren mit großer Kunst zu verarbeiten wußten, oder Großmutters Marmeladen-, Gewürz- oder Geleegeheimnisse bis hin zu den pikantwürzigen Saucen, Chutneys, Relishes, Dips und Pestos heutiger „Hausfrauen aus Leidenschaft" – alle waren und sind „gschmackig" und mit viel Liebe und Phantasie selbst zubereitet.
Nicht ganz streng betrachtet, hat sich somit über die Jahrtausende eigentlich gar nicht soviel geändert.
Klar, wir nützen mittlerweile die Vorteile von Mikrowelle und Tiefkühltruhe, aber ganz ersetzen können sie die Köstlichkeiten aus Gläsern, Steinguttöpfen und Fässern nicht. Bei den Vorräten in meinem Keller weiß ich ganz genau, was an Zutaten enthalten ist. Die Saucen sind schnell fertiggemacht und machen aus jedem Essen ein Fest.
Ja, aber – Preiselbeer- und Hagenbuttengelee zu Wildbraten; Senf-

VORWORT

Dill-Sauce zu Graved Lachs: Saures und Süßes, Scharfes mit Zucker zu Fleisch – nun, nach den strengen Regeln der Französischen Küche paßt das nicht zusammen. Die Köche vieler anderer Regionen sind da anderer Meinung, und ich schließe mich gerne an. Ich mag auch süßen Wein zu Blauschimmelkäse, auch wenn es einige Beobachter allein beim Zuschauen schon abgeschüttelt hat. Was womit harmoniert, muß wohl jeder für sich herausfinden, vielleicht zuerst bei einem kulinarischen Klassiker: Gans mit mitgebratenen Äpfeln, gefüllt mit Preiselbeeren.
Die Rezepte in diesem Ratgeber müssen nicht grammgenau nachvollzogen werden. Schließlich variieren schon die Früchte im Geschmack erheblich – Äpfel können sauer oder süß sein – ein wenig Kücheninstinkt wird aber schon helfen zu merken, ob eine Zutat zu sehr vorschmeckt und damit der Geschmack zu intensiv wird. In England ist jede Hausfrau stolz auf das Aroma ihrer Chutneys, und recht hat sie. Andererseits, auch wenn Kochbücher nur das ABC der Kochkunst sind und die wahre Kochkunst erst beim eigenständigen Variieren und Kombinieren beginnt, habe ich doch versucht, die Rezepte so klar zu formulieren, daß auch bereits beim ersten Versuch etwas G'schmackiges entsteht.
Sie finden in diesem Ratgeber eine „wilde" Sammlung von solch kleinen Köstlichkeiten, zum Teil von Reisen oder von Freunden mitgebracht, zum Teil auch Abwandlungen eigener Art. Einige bodenständige Rezepte aus Oberösterreich, wie sie bei uns schon immer so verwendet wurden, habe ich schweren Herzens auch verraten.

Viel Freude beim Kochen und Genießen!

Eva Gaigg

Erklärung österreichischer Ausdrücke

Schlagobers	↔	Sahne
Sauerrahm	↔	Saure Sahne
Paradeiser	↔	Tomaten
Marillen	↔	Aprikosen
Topfen	↔	Quark
Melanzane	↔	Aubergine
Erdäpfel	↔	Kartoffel
Weichsel	↔	Sauerkirsche
Rote Ribisel	↔	Rote Johannisbeeren
Kren	↔	Meerrettich
Rote Rübe	↔	Rote Bete
Eierschwammerl	↔	Pfifferlinge

Die wichtigsten Mengenangaben

EL	↔	Eßlöffel
KL	↔	Kaffeelöffel
Msp	↔	Messerspitze
100 ml	↔	1/10 Liter
125 ml	↔	1/8 Liter
250 ml	↔	1/4 Liter
500 ml	↔	1/2 Liter
750 ml	↔	3/4 Liter
1000 ml	↔	1 Liter
100 g	↔	10 dag
125 g	↔	1/8 Kilogramm
250 g	↔	1/4 Kilogramm
500 g	↔	1/2 Kilogramm / 1 Pfund
750 g	↔	3/4 Kilogramm
1000 g	↔	1 Kilogramm

Grundsätzliches zum Thema

Bei allen Zutaten ist mir wichtig, daß Obst und Gemüse knackig frisch, richtig gereift und ohne lange Lagerung oder Transportwege in meine Küche wandern. Das schreibt sich leicht, wenn man einen Obst- und Nutzgarten vor der Haustüre hat und der Wald leicht zu erreichen ist. Ein Feinkosthändler sollte allerdings auch verraten können, woher seine Produkte stammen, und dem muß man eben in der Stadt vertrauen. Außerdem gebe ich zu, daß manche Zutaten auch aus fernen Klimazonen stammen und ich trotzdem nicht darauf verzichten will. Mein Versuch, aus einer übriggebliebenen Ingwerwurzel eine verwendbare Pflanze heranzuziehen, ist gut gelungen. Gerade vor Weihnachten zog die Pflanze die Blätter ein, und ich konnte die gewaschene und geschälte Ingwerknolle für beste Ingwerkekse und als Chutneyzutat verwenden. Einen kleinen Rest der Knolle pflanzte ich wieder in frische Erde – für eine Ernte im nächsten Jahr.

Heiss zubereitete oder kalt gerührte Saucen

ZUM THEMA

Das französische Wort „Sauce" geht erstaunlicherweise auf das deutsche Wort „Salse" zurück, welches „Saft des Fleisches", „gesalzene Brühe" bedeutet. Ich sehe den Begriff nicht so eng. Wichtig ist mir, daß die Sauce den Geschmack des Hauptgerichtes unterstützt und vervollständigt oder akzentuiert. Ob es Wildbraten, Fisch oder Fleisch, blanchiertes oder rohes Gemüse oder ein kaltes Büfett gibt, einige Saucen dazu bereichern einfach die Geschmacksvielfalt und reizen auf angenehme Weise die Geschmacksnerven.
Die altösterreichische Küche kennt seit jeher eine Reihe von eigen-

ständigen Saucen, mir enthalten diese Rezepte meist zuviel Mehl zum Legieren (Binden). Aber was wäre die Wiener Küche ohne Oberskren oder Apfelkren, ohne Schnittlauchsauce!
Begonnen hat mein Interesse an diesen kleinen, aber so wesentlichen Zugaben mit dem Rezept der Senf-Dill-Sauce zu Graved-Lachs (den mein Mann lieber mit selbstgeangelten Lachsforellen macht), das mir eine schwedische Freundin als Gastgeschenk mitbrachte. Und zu Wild passen nicht nur die klassischen Preiselbeeren, ich finde Cumberlandsauce sogar g'schmackiger. Und so gibt es inzwischen kein größeres Essen bei uns ohne diese gerührten oder eingekochten Saucen. Viele davon kann man schon vor der Zubereitung der Hauptspeisen vorbereiten, im Kühlschrank beizen sie inzwischen so richtig durch.

WARME
SAUCEN

Warme Saucen

Widmen Sie der Saucenzubereitung höchste Aufmerksamkeit! Denn: Saucen erheben das Kochen zur Kochkunst!
Oberstes Gebot sollte sein, eine Sauce „natürlich" zu halten, d.h. sie sollte geschmacklich mit jenem Nahrungsmittel ident sein, das die Grundlage des Gerichtes darstellt.
Achten Sie immer darauf, daß die Zutaten frisch und einwandfrei sind.
Der Boden des Kochgeschirrs sollte möglichst dick sein, da Saucen keine allzu große Hitze vertragen. Wie auch bei den Chutneys erwähnt, kein Aluminiumgeschirr verwenden, da sich die Saucen darin geschmacklich verändern.
Saucenschüsseln vor dem Eingießen der Sauce immer mit heißem Wasser ausschwemmen, damit die Sauce nicht auskühlt. Saucen sollte man nur im Wasserbad warmhalten, wobei man auf die Oberfläche der Sauce kleine Butterflöckchen gibt, damit sich keine Haut bildet.

Man unterscheidet zwischen drei warmen Grundsaucen (außer den Saucen, die sich aus dem Eigensaft der zubereiteten Speise durch Braten oder Dünsten bilden) und zwar:

- **Braune Grundsaucen,** z.B. Demi-glacé (Fond aus Rinds- und Kalbsknochen), Wildfond.
  Diese sog. Demi-glacé (Braune Grundsauce) bereite ich dann zu, wenn ich die Ausgangsstoffe (Knochen, Fleischabfälle) und die Zeit dafür zur Verfügung habe, friere sie in kleinen Portionen ein, um sie dann zur Verfeinerung von Bratensaucen zu verwenden.

- **Helle Grundsaucen,** z.B. Kalbs-, Geflügel-, Fisch- und Gemüsefond, Béchamelsauce.

- **Buttersaucen,** z.B. Sauce hollandaise.
  Diese Saucen danken die längere Kochzeit, die man dafür benötigt, mit gutem Geschmack und samtigem Aussehen.

Braune Grundsaucen

Braune Grundsauce aus Rindsknochen (Demi-glacé)

Sie besteht vorwiegend aus gerösteten Knochen, Fleischabfällen und geröstetem Suppengrün (Karotten, Sellerie, Petersilienwurzeln, event. Porree), Zwiebeln und Tomaten. Die spezielle Note erhält die braune Sauce durch Beigabe von Wein, Cognac etc. Ihre samtige Farbe wird nur durch das richtige Rösten erzielt.
Soll nur ein brauner Fond hergestellt werden, entfällt das Stauben mit Mehl!

2000 g Knochen, kleingehackt (Rind oder Kalb) • 500 g Rindfleisch (Abschnitzeln) • 2 EL Öl (keine Butter) • 30 g Speckschwarte und Selchspeck • 150 g Wurzelwerk, kleinwürfelig geschnitten • 100 g Zwiebeln, kleinwürfelig geschnitten • Petersilien- und Selleriestengel • etwas Porree • 1 Knoblauchzehe • 2 KL Tomatenmark • 30 g Mehl, glatt • ca. 2 1/2 l Wasser • 5 Pfefferkörner • Thymian • 1 Knoblauchzehe • 1 Lorbeerblatt • 250 ml Weißwein • 10 g Stärkemehl • Salz

Knochen und Fleischstücke sowie die Speckschwarte in einer Bratpfanne im heißen Fett anbraten und im Rohr langsam braun rösten. Bratpfanne aus dem Rohr nehmen, auf die Herdplatte stellen. Kleingeschnittenes Wurzelwerk und die kleingeschnittenen Zwiebeln dazugeben und mitrösten. Das Ganze mit dem Mehl stauben und gut durchrösten. Dabei immer wieder gut durchrühren. Tomatenmark beigeben und mitrösten. Mit der Hälfte des Weißweines ablöschen, glatt verrühren, die Gewürze beigeben und mit Wasser auf-

gießen (so viel, daß die Knochen immer gut bedeckt sind). Auf kleiner Stufe etwa 2 1/2 Stunden kochen lassen (immer wieder Wasser nachgießen). Das aufsteigende Fett abschöpfen. Durch ein feines Sieb passieren (das Wurzelwerk nicht durchpressen!) und abschmecken. Restlichen Weißwein und Stärkemehl verrühren, mit der Sauce vermischen.
Diese Zutaten ergeben nach Ende der Kochzeit ca. 1 l Sauce, die eine schöne braune glänzende Farbe haben soll.

Rezeptbeispiele, für die Sie als Grundlage Demi-glacé benötigen

Currysauce

125 ml Sauce Demi-glacé • 20 g Schalotten, fein geschnitten • 1 Apfel • 15 g Butter • 15 g Mehl, glatt • 1/2 KL Currypulver • 1 kl. Stück Orangenschale (ungespritzt) • 1 Knoblauchzehe • 1 KL Tomatenmark • 40 g geraspelte Kokosnuß (ersatzweise Kokosflocken) • 50 ml Wasser, heiß • Salz nach Bedarf

Feingeschnittene Schalotte in Butter hell anschwitzen, Mehl beigeben und durchrösten. Currypulver, den geschälten, entkernten und

Currysauce zu gegrilltem Schweinskotelett

geriebenen Apfel sowie das Tomatenmark dazurühren. Nun mit der Sauce Demi-glacé aufgießen, gut verrühren und zum Kochen bringen. Die zerdrückte Knoblauchzehe und die feingehackte Orangenschale dazugeben. Leicht salzen. Alles 40 Minuten köcheln lassen. In der Zwischenzeit verrührt man die geraspelte Kokosnuß mit dem heißen Wasser und läßt das Ganze 20 Minuten zugedeckt ziehen. Anschließend passiert man durch ein Tuch. Die Kokosnußmilch in die Sauce einrühren, alles zusammen noch einmal durchkochen lassen.
Zu gebratenem oder gegrilltem Huhn servieren!

Jägersauce

100 g Selchspeck, durchzogen • 1/2 kleine Zwiebel, fein gehackt • 1 Stück Würfelzucker • 2 EL Mehl • 250 ml Sauce Demi-glacé • 50 g Champignons (oder andere Pilze) • 1 Lorbeerblatt • Pfeffer, frisch gemahlen • Salz nach Bedarf • Essig

Den kleinwürfelig geschnittenen Speck läßt man goldgelb anlaufen, gibt dann die Speckwürfel heraus. Im Fett röstet man die feingeschnittene Zwiebel mit Zucker und Mehl an. Mit Sauce Demi-glacé aufgießen, die feingeschnittenen Pilze und das Lorbeerblatt dazugeben und einige Zeit dünsten lassen. Mit Salz, Pfeffer und einigen Tropfen Essig würzen. Zum Schluß die Speckwürfel wieder in die Sauce geben.
Zu Hirsch- oder Rehbraten reichen.

Kräutersauce

1 Schalotte, fein geschnitten • 10 g Butter • Petersilie, fein gehackt • Dill, fein gehackt • Estragon, fein gehackt • 1 KL Tomatenmark • etwas Weißwein • 125 ml Sauce Demi-glacé • Salz nach Bedarf

Feingeschnittene Schalotte in Butter goldgelb rösten, dann die Kräuter dazugeben, ebenfalls etwas anrösten, das Tomatenmark beige-

ben und mit Weißwein ablöschen. Nun die Sauce Demi-glacé dazurühren und verkochen lassen.
Paßt sowohl für Fleisch- wie auch für Eiergerichte.
Diese Sauce verwende ich auch manchmal, stark eingekocht und mit eingerührten Eidottern, zum Gratinieren von Speisen.

Madeirasauce

10 g Schalotten, fein geschnitten • Petersilie, fein gehackt • 60 ml Rotwein • 125 ml Sauce Demi-glacé • 60 ml Madeira • Salz nach Bedarf

Rotwein mit Schalotten und Petersilie einkochen lassen, Sauce Demi-glacé dazurühren, etwas einkochen lassen, passieren und mit dem Madeira abschmecken.
Zu Hirschbraten reichen.

Orangensauce

250 ml Sauce Demi-glacé • 1 Orange (ungespritzt) • 1 Zitrone (ungespritzt) • 3 EL Madeira oder kräftiger Rotwein • 1 KL Stärkemehl • Salz nach Bedarf • Pfeffer, frisch gemahlen

Die Orangenschale sehr feinnudelig schneiden und mit dem Madeira und etwas Wasser 5 Minuten kochen lassen. Zur Sauce Demi-glacé dazuseihen und mit Orangen- und etwas Zitronensaft einige Minuten kochen lassen. Stärkemehl mit Wein verrühren, zur Sauce geben und diese damit binden. Mit Salz und Pfeffer abschmecken.
Eignet sich besonders für Entenbraten.

Pfefferrahmsauce

30 g Schalotten • 20 g Butter • 30 g gehackte Champignons • 200 ml Sauce Demi-glacé • 100 ml Schlagobers • Petersilie, fein gehackt • 1 KL Pfefferkörner, grün • Salz nach Bedarf

Schalotten in der Butter anschwitzen, die Champignons beigeben und gut durchrösten, bis die ganze Flüssigkeit verdampft ist. Sauce Demi-glacé beigeben und etwas einkochen lassen. Kurz vor dem Servieren das Schlagobers, die Pfefferkörner und die gehackte Petersilie hinzufügen.
Zu rosa gebratenem Fleisch reichen.

Pfeffersauce

30 g Butter • 30 g Zwiebeln, fein gehackt • 50 g Champignons, blättrig geschnitten • 60 ml Rotwein, trocken • 40 ml Sauce Demi-glacé • 40 ml Crème fraîche • 1 KL Dijon-Senf • 1 KL Pfefferkörner, grün • Salz nach Bedarf

Butter bei mäßiger Hitze zergehen lassen und die Zwiebeln und Champignons anschwitzen, mit dem Rotwein ablöschen. Sauce Demi-glacé, Senf, Pfefferkörner dazugeben und kurz einkochen lassen. Mit Crème fraîche verfeinern und gut verrühren.
Als Krönung von flambierten Tournedos.

Pikante Sauce

250 ml Sauce Demi-glacé • 30 g Butter • 125 ml Weißwein • 1 Zwiebel, fein gehackt • 2 Essiggurkerln, fein gehackt • etwas Petersilie, fein gehackt • Salz nach Bedarf

Zwiebeln in der Butter glasig anschwitzen lassen, mit Weißwein aufgießen, etwas verkochen lassen. Sauce Demi-glacé hinzufügen, verkochen lassen, dann passieren. Die gehackten Essiggurkerln und die Petersilie darunterziehen.
Zu Schweinefleischgerichten reichen.

Senfsauce

1 Schalotte, fein geschnitten • 5 g Butter • 1 Prise Kristallzucker • 60 ml Weißwein • 125 ml Sauce Demi-glacé • 1 KL Senf • Zitronensaft • Salz nach Bedarf

SAUCEN

Die Schalotte in der heißen Butter glasig anschwitzen, den Zucker beigeben und braun rösten, mit der Hälfte des Weißweines ablöschen und mit Sauce Demi-glacé aufgießen; etwas einkochen lassen, dann passieren, den Senf und den restlichen Weißwein mit etwas Zitronensaft verrühren und der fertigen Sauce beigeben.
Zu Koteletts reichen.

Teufelssauce

125 ml Sauce Demi-glacé • 30 ml Weißwein • 1 Schalotte, fein geschnitten • Petersilie, fein gehackt • Pfefferkörner, fein gemahlen • Estragon, fein gehackt • Cayennepfeffer • Salz nach Bedarf

Weißwein und feingeschnittene Schalotte aufkochen, Petersilie, feingemahlenen Pfeffer und Estragon daruntermischen und etwas einkochen lassen. Erst dann die Sauce Demi-glacé dazugeben und aufkochen lassen. Passieren, mit Cayennepfeffer und event. etwas Salz abschmecken.
Als Grillsauce verwenden.

Wildfond (ergibt ca. 1 l Wildfond)

ca. 2000 g Wildknochen, klein gehackt • 500 g Wildfleischabfälle • 40 g Räucherspeck • 40 g Öl (keine Butter) • 200 g Suppengrün • 150 g Zwiebeln, grob geschnitten • 30 g Mehl, glatt • 125 ml Rotwein • 1 Kräutersträußchen (Grünes von Petersilie und Sellerie, Thymian, 1 kleines Lorbeerblatt) • 4 Wacholderbeeren • 2 Korianderkörner • 6 Pfefferkörner • Salz • ca. 2 l Wasser • 1 Scheibe Zitrone • 1 Scheibe Orange • 1 EL Preiselbeerkompott • 1/2 EL Senf • Zitronensaft

Knochen und Wildfleischabfälle sowie den kleingeschnittenen Räucherspeck in einer Bratpfanne in heißem Fett anbraten und im Rohr (ca. 1/2 Std.) langsam braun anrösten. Bratpfanne aus dem Rohr

Wildfond
Zerkleinerte Wildknochen …

… werden im Backrohr geröstet, dann…

… Wurzelwerk und Zwiebel beigeben und mitrösten …

… würzen, mit Rotwein und Wasser aufgießen und ca. 3 Stunden kochen

SAUCEN

nehmen, auf die Herdplatte stellen. Kleingeschnittenes Wurzelwerk und die Zwiebeln dazugeben und mitrösten. Dabei immer wieder gut durchrühren, mit dem Mehl stauben und weiterrösten. Mit etwas Rotwein ablöschen, die Gewürze beigeben und mit Wasser aufgießen (so viel, daß die Knochen immer gut bedeckt sind). Auf kleiner Stufe etwa 3 Stunden kochen lassen (immer wieder Wasser nachgießen), dabei das aufsteigende Fett immer abschöpfen. Anschließend durch ein feines Sieb passieren (das Wurzelwerk nicht durchpressen!) und abschmecken.
Wer will, kann Preiselbeerkompott mit etwas Rotwein und Senf verrühren, die Sauce damit abschmecken, mit der Zitronen- und Orangenscheibe noch einmal aufkochen und passieren.
Diese Zutaten ergeben nach Ende der Kochzeit ca. 1 l Sauce, die eine schöne braune glänzende Farbe haben soll.
Ich friere diesen Wildfond in kleinen Behältern ein und verfeinere damit (nach dem Auftauen) die Saucen von gedünsteten oder gebratenen Wildgerichten.

Rezeptbeispiel, für das Sie Wildfond benötigen

Ananassauce

250 ml Wildfond • 140 g Ananas, frisch • 125 ml Rotwein • Salz nach Bedarf

Ananas in kleine Stücke schneiden, 100 g Ananasstücke in einem Sieb gut ausdrücken. Den Saft mit dem Rotwein bis zur Hälfte einkochen. Die restlichen Ananasstücke im eigenen Saft kurz pochieren. Abtropfen lassen und diesen Saft mit dem eingekochten Ananassaft vermischen. Dann den gesamten Saft mit dem Wildfond verrühren, einmal aufkochen und passieren. Die Ananaswürfel als Einlage in die fertige Sauce geben.
Eignet sich besonders für Wildenten.

SAUCEN

Helle Grundsaucen

Kalbsfond

1000 g Kalbsknochen, klein gehackt • 500 g Kalbfleischabfälle • Salz • Wurzelwerk • 1/2 Zwiebel, grob geschnitten • Petersilie, fein geschnitten • einige Pfefferkörne • 1 Lorbeerblatt

Die Knochen und Kalbfleischabfälle in etwas kochendes Wasser geben, wieder zum Kochen bringen, das Wasser abgießen und die Knochen und Fleischabfälle abschwemmen, mit ca. 1 l kaltem Wasser erneut aufkochen lassen, immer wieder abschäumen und alle anderen Zutaten hinzufügen. Ca. 2 Stunden kochen lassen. Zum Schluß abseihen und entfetten.

Rezeptbeispiel, für das Sie Kalbsfond brauchen

Paprikasauce

100 g Zwiebeln, fein geschnitten • 450 g Paprikaschoten, rot • 30 g Butter • 60 ml Weißwein • 250 ml Gemüse-, Geflügel- oder Kalbsfond • 250 ml Schlagobers • event. etwas Butter • Salz nach Bedarf

Zwiebeln mit Paprikastreifen in Butter anschwitzen, mit Weißwein ablöschen, mit passendem Fond und Schlagobers aufgießen, Paprika weich dünsten, mixen, event. mit kalten Butterflöckchen montieren.

Geflügelfond

ca. 900 g Hühnerflügerl, Knochen oder Hühnerfleischabschnitte • 1 Zwiebel, grob geschnitten • 150 g Wurzelwerk • 3 Pfefferkörner • 1 kl. Lorbeerblatt

SAUCEN

Das Hühnerfleisch kalt abschwemmen. Alle Zutaten in einen Kochtopf geben, mit kaltem Wasser bedecken und aufkochen. Bei kleiner Flamme ca. 1 Stunde kochen lassen. Des öfteren die Fettaugen und den Schaum abschöpfen. Danach durch ein feines Sieb abseihen.
Diesen Hühnerfond friere ich in kleinen Portionen ein und habe bei Bedarf immer einen Vorrat.

Rezeptbeispiele, für die Sie Geflügelfond benötigen

Avocado-Sauce

1 Stk. reife Avocado (Achtung: keine braune, da sonst bitter!) • 1 kl. Zwiebel • Butter • 100 ml Weißwein • 500 ml Geflügelfond • 250 ml Schlagobers • Salz • Zitronensaft

Die Avocado halbieren, schälen und den Kern entfernen. Das Fruchtfleisch in Scheiben schneiden und zusammen mit dem feingehackten Zwiebel in etwas Butter andünsten, mit Weißwein ablöschen. Anschließend mit dem Geflügelfond aufgießen und ca. auf die Hälfte einkochen lassen. Nach Zugabe des Schlagobers die Sauce gut mixen und mit Salz und Zitronensaft abschmecken.

Estragon-Senf-Sauce

1/2 Stange Stangensellerie • 2 Karotten • 1 EL Butter • 4 Tomaten • Estragon • 1 Zwiebel • 2 Zehen Knoblauch • 250 ml Geflügel- oder Gemüsefond • 125 ml Weißwein, trocken • 125 ml Wermut, trocken • 1 Lorbeerblatt • 200 ml Schlagobers • 1 EL Senf • Saft von 1/2 Zitrone • Salz • Pfeffer, frisch gemahlen

Sellerie und Karotten putzen und in kleine Würfel schneiden. 1 EL Butter und 125 ml Wasser erhitzen, Gemüse einlegen und bißfest dünsten. Tomaten oben kreuzweise einschneiden, ca. 10 Sekunden in kochendes Wasser legen, danach kalt abschrecken und die Haut abziehen. Tomaten halbieren, Kerne entfernen und Fruchtfleisch in

Würfel schneiden. Blätter vom Estragon abzupfen und grob schneiden (ca. 1 EL voll). Zwiebel und Knoblauch schälen und fein schneiden. Geflügelfond mit Weißwein, Wermut, Lorbeerblatt und gehackter Zwiebel aufkochen und so lange kochen lassen, bis die Flüssigkeit auf ca. 125 ml reduziert ist. Schlagobers zugeben und bis zu leicht sämiger Konsistenz einkochen. Tomaten-, Sellerie- und Karottenwürfel sowie Estragon hinzufügen, kurz aufkochen, mit Senf, Zitronensaft, Knoblauch, Salz und Pfeffer abschmecken.
Diese Sauce eignet sich hervorragend zu Miesmuscheln. Ich koche die Muscheln dabei ca. 2-3 Minuten im Gemüsefond mit Weißwein und Wermut mit und hebe sie dann mit einem Schaumlöffel heraus. Ungeöffnete Muscheln werden weggeworfen, da sie verdorben sein könnten. Die restlichen Muscheln löse ich aus und gebe das Muschelfleisch mit den Gemüsewürfeln in den Sud.

Schnittlauch-Senf-Sauce

125 ml Geflügelfond oder milde Rindsuppe • 125 ml Schlagobers • etwas Butter • 2 EL Estragonsenf • Schnittlauch, fein geschnitten • Salz • Pfeffer, frisch gemahlen

Den Geflügelfond (oder ersatzweise die Rindsuppe) in einen Topf geben, aufkochen, bei kleiner Flamme auf ca. die Hälfte einkochen. Schlagobers beigeben, aufkochen, Senf beifügen und die Sauce mit dem Stabmixer aufmixen. Dabei einige kalte Butterflocken einarbeiten. Mit Salz und Pfeffer abschmecken. Schnittlauch fein schneiden und darüberstreuen.
Paßt sehr gut zu Kalbsnierenbraten!

Thymiansauce

20 g Butter • 40 g Schalotten • 20 g Mehl, glatt • 250 ml Weißwein • 250 ml Geflügelfond • 1 EL Crème fraîche • Salz • Pfeffer, frisch gemahlen • frischer Thymian

Schalotten in der Butter anschwitzen, mit Mehl stauben, mit Weißwein ablöschen, mit dem Fond aufgießen und kurz verkochen

SAUCEN

lassen. Crème fraîche beigeben, mit dem Stabmixer aufmixen, abschmecken.

Fischfond

1/2 kg Fischgräten (vom Filetieren) sowie Fischköpfe • 2 Stk. Stangensellerie • 1/2 Zwiebel • 4 Pfefferkörner • 1 EL Butter • 125 ml Weißwein • 1 Lorbeerblatt • 1/2 Zitrone (geschält)

Fischgräten und -köpfe gut abschwemmen (unter fließendem Wasser). In einen Kochtopf geben, mit kaltem Wasser bedecken und zum Kochen bringen, abschäumen. Stangensellerie und Zwiebel in grobe Stücke schneiden und mit den zerdrückten Pfefferkörnern in der Butter leicht anschwitzen lassen, mit Weißwein ablöschen und in den Topf mit den Gräten geben. So lange kochen lassen (entstehenden Schaum immer wieder abschöpfen), bis die Flüssigkeit auf die Hälfte reduziert ist. Gegen Ende der Kochzeit das Lorbeerblatt und die geschälte Zitrone in den Fond geben und diesen durch ein Tuch seihen.

Tip: Wenn Sie die Sauce zu Meeresfischen servieren: Fond aus Meeresfischabfällen; zu Süßwasserfischen: Fond aus Süßwasserfischabfällen.

Rezeptbeispiele, für die Sie Fischfond benötigen

Petersiliensauce, weiß

250 g Petersilienwurzel • 20 g Butter • 250 ml Fisch- oder Gemüsefond • 125 ml Schlagobers • 50 g Butter, kalt • Salz • Zitronensaft

Petersilienwurzel schälen, klein schneiden, in 20 g Butter anlaufen lassen, mit dem Fond und Schlagobers aufgießen. Um die Hälfte einkochen lassen. Unter Beigabe von 50 g kalter Butter mit dem Mixstab pürieren, mit Salz und Zitronensaft abschmecken.

Paßt mit dem Fischfond sehr gut zu Hechtnockerln usw., mit Gemüsefond zu gekochtem Fleisch.

Petersiliensauce, grün

Petersilie • 10 g Butter • 250 ml Fisch- oder Gemüsefond • 125 ml Schlagobers • 50 g Butter, kalt • Salz • Zitronensaft

Petersilie waschen, abzupfen und blanchieren. In 10 g Butter anlaufen lassen, mit Fond und Schlagobers aufgießen. Um die Hälfte einkochen lassen. Unter Zugabe von 50 g kalter Butter mit dem Mixstab pürieren, mit Salz und Zitronensaft abschmecken.
Paßt mit Fischfond ebenso sehr gut zu Hechtnockerln usw., mit Gemüsefond zu gekochtem Fleisch.

Rieslingsauce

20 g Schalotten • 30 g Butter • 10 g Mehl, glatt • 100 ml Weißwein • 300 ml Fischfond • 100 ml Schlagobers • 30 g Crème fraîche • Schnittlauch, fein geschnitten • Salz • Pfeffer, frisch gemahlen

Rieslingsauce zu gebratenem Wels

SAUCEN

Butter zergehen lassen, kleingeschnittene Schalotten anlaufen lassen, mit dem Mehl stauben und so lange rühren, bis das Mehl hellgelb ist. Nun mit Fischfond und Weißwein aufgießen, mit dem Schneebesen durchschlagen, damit keine Klümpchen entstehen. Crème fraîche und Schlagobers unterziehen, mit Salz und Pfeffer abschmecken. Mit Schnittlauch bestreut servieren.
Paßt hervorragend zu gebratenem Fisch!

Sauerampfer-Sauce

20 g Butter • 25 g Mehl, glatt • 3 EL Sauerampferblätter, fein geschnitten • 375 ml Fisch- oder Gemüsefond • Salz • Pfeffer, frisch gemahlen • Ingwer, gemahlen • 150 g Crème fraîche • Petersilie, fein gehackt

Butter zerlassen, Mehl unter Rühren so lange darin erhitzen, bis es hellgelb ist. Sauerampferblätter dazugeben und andünsten lassen. Fisch- oder Gemüsefond hinzugießen, mit einem Schneebesen durchschlagen, damit keine Klümpchen entstehen. Die Sauce unter Rühren etwa 10 Minuten kochen lassen, mit Salz, Pfeffer und Ingwer würzen. Crème fraîche untermischen. Die Sauce kurz erhitzen, jedoch nicht mehr kochen lassen und mit Petersilie bestreuen.
Sauerampfersauce eignet sich sehr gut als Beilage zu gedünstetem Fisch oder Fleisch bzw. zu gekochten Eiern.

Weißweinsauce

500 ml Fischfond • 30 g Butter • 30 g Mehl • 125 ml Weißwein • 2 Eidotter • 125 ml Schlagobers • 50 g Butter • Salz • Pfeffer, frisch gemahlen

Mehl in der erwärmten Butter anschwitzen lassen, mit dem kalten Fischfond aufgießen und ca. 1/2 Stunde köcheln lassen, anschließend mit Weißwein aufgießen. Eidotter und Schlagobers gut verrühren, mit dem warmen Fischfond vermischen, mit Salz abschmecken. Zum Schluß die Butter einrühren.
Diese Sauce kann als Beilage zu Krustentieren, als Ergänzung zu

gekochten Fischen oder als Grundsauce zu Fischragouts verwendet werden.

Gemüsefond

2 Karotten • Tomatenmark • 1 Sellerie • 2 Stangen Porree • 1 Petersilienwurzel • 2 Lorbeerblätter • 1 KL Pfefferkörner • 2 Schalotten • Petersilie • 5 Stk. Champignons • 100 g Butter • 250 ml Weißwein • 500 ml Wasser • 50 ml Madeira

Das Gemüse sorgfältig putzen und in kleine Würfel schneiden. Butter erhitzen, Schalotten, Karotten, Petersilienwurzel und Sellerie darin goldgelb anrösten. Die restlichen Zutaten dazugeben und kurz mitrösten. Mit Madeira ablöschen. Etwas einkochen lassen. Weißwein und Wasser dazugießen. Zugedeckt ca. eine Stunde auf kleiner Flamme kochen lassen. Durch ein Sieb gießen. Den Fond im offenen Topf etwas einkochen lassen. Nicht salzen, damit der Fond bei starkem Einreduzieren nicht zu salzig wird.
Dieser Fond kann zum Lösen von Bratensatz nach dem Anbraten von Fleisch verwendet werden. Anschließend noch etwas einkochen lassen und mit Rahm oder kalter Butter binden; oder den Fond pur einkochen lassen, anschließend mit Butter, Sauerrahm oder Crème fraîche binden.
Auch diesen Fond können Sie auf Vorrat zubereiten, portionsweise einfrieren und bei Bedarf zum Verfeinern von Bratensäften verwenden.

Béchamelsauce (Sauce béchamel)

1000 ml Milch (oder halbe Menge Demi-glacé, Kalbs-, Wild-, Geflügel-, Fisch- oder Gemüsefond - je nach Verwendung, halbe Menge Milch) • 1 kl. Zwiebel, gespickt • 1 kleines Bouquet garni (Kräutersträußchen) • zerdrückte Pfefferkörner • 70 g Butter • 70 g Mehl, glatt • Muskat • Salz

Milch und Kräutersträußchen, gespickte Zwiebel und einige zerdrückte Pfefferkörner ca. 15 Minuten langsam kochen, eher ziehen

SAUCEN

SAUCEN

lassen. Aus aufgeschäumter Butter und Mehl eine Einmach herstellen, überkühlen lassen. Mit heißer, abgeseihter Milch (oder halb Fond, halb Milch) aufgießen und glattrühren, ca. 20 Minuten unter ständigem Rühren kochen lassen, mit Muskat und Salz würzen, passieren.

Rezeptbeispiele mit Sauce béchamel

Käsesauce (Sauce Mornay)

50 g Butter • 50 g Mehl, glatt • 500 ml Milch • 60 ml Schlagobers • 3 Eidotter • 50 g Parmesan, frisch gerieben • Salz • Pfeffer, frisch gemahlen

Aus Butter, Mehl und Milch Sauce béchamel zubereiten (siehe oben). Zuletzt Schlagobers und Eidotter verrühren, die Sauce damit legieren, mit dem geriebenen Parmesan vermischen. Mit Salz und Pfeffer abschmecken.
Für alle weißgratinierten Gerichte, wie Eier, Fische, helles Fleisch, Geflügel und Gemüse.

Krensauce (Sauce au raifort)

40 g Butter • 40 g Mehl, glatt • 250 ml Milch (oder Bouillon) • 250 ml Schlagobers • Salz • Zucker • Muskat • 100 g Kren, fein gerissen • 20 g Butter

Béchamelsauce aus halb Milch (oder Bouillon) und Schlagobers, wie beschrieben, zubereiten. Geriebenen Kren sowie eine Prise Salz, Zucker und Muskat beigeben, kalte Butterflocken unterheben.
Vorwiegend zu gekochtem Rind- und Lammfleisch.

Mandelkren

Krensauce wie oben • 30 g Mandeln, fein gerieben • 60 g Mandeln, gehobelt

Rindfleisch mit Mandelkren

Krensauce wie beschrieben zubereiten, jedoch gleichzeitig mit dem Mehl 30 g feingeriebene Mandeln anrösten. Zusammen mit dem gerissenen Kren gibt man 60 g gehobelte Mandeln als Einlage in die Krensauce.

Buttersaucen

Holländische Sauce (Sauce hollandaise)

125 g Butter • 2 Eidotter • 100 ml Weißwein • Salz • Pfeffer, frisch gemahlen

Eidotter und Weißwein mit Salz und Pfeffer würzen und in einem Metallkessel mit dem Schneebesen über Dunst aufschlagen. Die Masse darf dabei nicht zu heiß werden, da die Eier sonst gerinnen. Butter schmelzen, in ein anderes Gefäß umgießen, damit die sich am Boden absetzende Molke zurückbleibt. Geklärte, handwarme Butter nach und nach vorsichtig in Eidotter-Weißwein-Sauce einrühren.

Sauce hollandaise paßt sehr gut als Beilagensauce zu Spargel, Artischocken, für gekochte oder pochierte Fische.

SAUCEN

Rezeptbeispiel mit Sauce hollandaise

Basilikumsauce

200 g Butter • 65 ml Weißwein • 3 Eidotter • 1 EL Tomatenmark • Salz • Pfeffer, frisch gemahlen • Basilikum

Butter erhitzen, überkühlen lassen, in ein anderes Gefäß gießen, so daß die Molke zurückbleibt. Dotter und Weißwein über Dunst aufschlagen. Vorsichtig Butter einrühren.
Tomatenmark und Basilikum dazugeben, verrühren. Mit Salz und Pfeffer abschmecken.
Warm servieren.
Eine ideale Zugabe zu Spargel.

Selbständige warme Saucen

Da meine Familie Nudeln in allen Variationen liebt, versuche ich immer wieder, neue Saucenrezepte auszuprobieren, damit für Abwechslung gesorgt ist. Nachstehend finden Sie einige meiner Rezepte.
Aber auch die klassischen warmen Saucen-Rezepte zu Fisch, Fleisch, für Aufläufe und Gemüsestrudel finden Sie im Anschluß.

Carbonara-Sauce für Nudelgerichte

150 g Rohschinken • 100 ml Schlagobers • 20 g Olivenöl 2 Eidotter • 60 g Parmesan • Salz • Pfeffer, frisch gemahlen • Weißwein • Knoblauch

Rohschinken in feine Würfel schneiden und in Olivenöl anrösten. Eidotter, Schlagobers und Parmesan vermengen und dem Schinken beigeben – leicht anstocken lassen. Mit Salz und Pfeffer abschmecken.
Event. mit Weißwein und Knoblauch geschmacklich abrunden.

Currysauce für Nudelgerichte

1 Schalotte, fein gehackt • 1 EL Butter • 1 KL Curry • 1 EL Mehl, glatt • 200 ml Rindsuppe • 100 ml Schlagobers • Salz • Pfeffer, frisch gemahlen

Feingehackte Schalotte in der Butter glasig andünsten. Curry sowie Mehl zufügen und anrösten. Mit Rindsuppe ablöschen und 5 Minuten köcheln lassen; das Schlagobers zufügen, mit Salz und Pfeffer abschmecken.

Currysauce

60 g Butter • 60 g Mehl, glatt • 1 Zwiebel, fein gehackt • 2 KL Currypulver • Suppe • 1 Apfel, säuerlich • 1 EL Mangochutney (siehe Seite 96) • event. 1/2 Banane • 2–3 EL Sauerrahm oder Schlagobers • Salz • Pfeffer, frisch gemahlen

Zwiebel in der Butter kurz anrösten, mit Mehl stauben und mit Curry würzen. Sofort mit Suppe aufgießen und die blättrig geschnittenen Äpfel, das Mangochutney sowie die Banane dazugeben und alles ca. eine halbe Stunde kochen lassen. Anschließend passieren und mit Sauerrahm oder – noch besser – mit Schlagobers verrühren. Mit Salz und Pfeffer abschmecken.
Hervorragend zu kurz gebratenem Schweinernem!

Dillsauce

40 g Butter • 40 g Zwiebeln, fein gehackt • Dill, fein gehackt • 40 g Mehl, glatt • 500 ml Rindsuppe • 10 g Butter • 2 EL Dill, fein gehackt • 125 ml Sauerrahm • Zitronensaft oder Essig • 1 Prise Zucker • Salz • Pfeffer, frisch gemahlen

Dill waschen und mit der feingehackten Zwiebel in Butter andünsten. Mit dem Mehl stauben, mit Suppe aufgießen, mit Salz und Pfef-

Semmelknödel mit Dillsauce

fer würzen. Nun zu einer molligen Sauce verkochen lassen (umrühren!). Den restlichen Dill in 10 g Butter anschwitzen, mit Zitronensaft oder Essig ablöschen und die passierte Sauce dazurühren, würzen und zuletzt den glattgerührten Sauerrahm in der Sauce versprudeln. Mit Salz und Pfeffer abschmecken.
Empfiehlt sich zu Semmelknödeln oder gekochtem Rindfleisch!

Estragonsauce für Nudelgerichte

1 Zwiebel, fein gehackt • 1 EL Butter • 100 ml Weißwein, • 200 ml Schlagobers • 2 EL Estragon, gehackt • 2 Eidotter • Salz • Cayennepfeffer

Feingehackte Zwiebel in Butter glasig andünsten. Weißwein und Schlagobers dazugießen, etwas einkochen lassen, Estragon hinzufügen, mit 2 Eidottern legieren. Mit Salz und Cayennepfeffer abschmecken.

Gorgonzolasauce für Nudelgerichte

250 ml Schlagobers • 120 g Gorgonzola • Salz • Pfeffer, frisch gemahlen • Petersilie, fein gehackt • 60 g Walnüsse, gehackt

Schlagobers und passierten Gorgonzola vermischen und zu sämiger Konsistenz verkochen. Mit Salz und Pfeffer abschmecken. Nudeln mit der Sauce vermengen. Mit Petersilie und gehackten Walnüssen bestreut servieren.

Gurkensauce

400 g Gurken • Salz • Pfeffer, frisch gemahlen • 2 Knoblauchzehen, zerdrückt • 1 EL Dill, fein gehackt • 2 EL Essig • 1 Zwiebel, klein geschnitten • 60 g Butter • 1 KL Zucker • 2 EL Mehl, glatt • 125 ml Sauerrahm • 1 Spritzer Essig

Gurke in kleine Stücke schneiden, mit Salz, Pfeffer, zerdrücktem Knoblauch und etwas Essig gut abmischen und stehenlassen. Zucker in Butter bräunen, die kleingeschnittenen Zwiebeln darin anrösten, die Gurkenstückchen mit dem eigenen Saft hinzufügen und dünsten, bis sie halbweich sind; mit Mehl stauben, Essig und Sauerrahm unterrühren und zur richtigen Saucenkonsistenz einkochen lassen. Mit frischgehacktem Dill bestreut servieren.
Mit frischen Kartoffeln genießen!

Italienische Sauce

1 Zwiebel, fein geschnitten • 50 g Butter • 200 g Champignons (oder andere Pilze) • Petersilie • 1 Knoblauchzehe • 1 Essiggurkerl • Kapern • Salz • Pfeffer, frisch gemahlen • Senf • 1 EL Tomatenmark • Rotwein • Rindsuppe

Feingeschnittene Zwiebel in Butter anrösten, die blättrig geschnittenen Pilze und die feingehackte Petersilie dazugeben und kurz dünsten. Das gehackte Essiggurkerl, die ausgepreßte Knoblauchzehe, etwas kleingeschnittene Kapern dazumischen. Mit Senf, Tomatenmark, Salz und Pfeffer abschmecken und mit Rotwein und Suppe verkochen lassen.
Zu kurz gebratenem Schweinefleisch reichen!

SAUCEN

Kapernsauce

40 g Butter • 40 g Mehl, glatt • 1 EL Kapern, fein gehackt 1/2 Zwiebel, fein geschnitten • Petersilie, fein gehackt • 500 ml Rindsuppe • 125 ml Sauerrahm • Salz • Pfeffer, frisch gemahlen

Mehl in der aufgeschäumten Butter hell rösten, Kapern, Zwiebeln und Petersilie dazugeben und etwas rösten, mit Suppe aufgießen, verkochen lassen, glattgerührten Sauerrahm einrühren. Mit Salz und Pfeffer abschmecken.

Paßt sehr gut zu Kalbsleber natur, Rind- oder Lammfleisch.

Käsesauce für Nudelgerichte

30 g Mehl • 30 g Butter • 200 ml Weißwein • 200 g Schmelzkäse nach Wahl • etwas Schlagobers • Salz • Pfeffer, frisch gemahlen

Mehl in Butter glasig dünsten, mit dem Weißwein ablöschen, Käse nach Wahl darin schmelzen lassen. Mit Schlagobers verfeinern. Die Sauce mit Salz und Pfeffer abschmecken.

Käsesauce

100 g Gorgonzola • 150 g Gouda • 125 ml Milch • 125 ml Schlagobers • 2 Eigelb • Salz • Pfeffer, frisch gemahlen

Den Gorgonzola durch ein Sieb streichen, den Gouda grob raffeln. Milch und Schlagobers zum Kochen bringen. Die beiden Käsesorten mit einem Schneebesen unterrühren und unter Rühren köcheln lassen, bis sich der Käse aufgelöst hat. Zum Schluß die beiden Eigelb unterrühren. Mit Salz und Pfeffer abschmecken.

Gemüsestrudel mit Kräutersauce

Kräutersauce

30 g Mehl, glatt • 250 ml Gemüsesud • 500 ml Milch • 125 ml Weißwein • 1 Lorbeerblatt • 1 Nelke • 5 Pfefferkörner • 100 ml Crème fraîche • 3 EL Schnittlauch, fein geschnitten • 3 EL Petersilie, fein gehackt • 2 EL Dill, fein gehackt • Salz

Mehl trocken rösten, mit Gemüsesud, Milch und Weißwein aufgießen und unter ständigem Rühren bis zu dicklicher Konsistenz köcheln lassen; mit Lorbeerblatt, Nelke und Pfefferkörnern würzen. Crème fraîche und Kräuter untermengen, mit Salz abschmecken. Mit Schnittlauch bestreut zu Gemüsestrudel servieren!

SAUCEN

Lauchsauce

1 Stange Lauch • 1 kl. Zwiebel • 150 ml Suppe • 250 ml Schlagobers • Salz • Pfeffer, frisch gemahlen • Zitronensaft

Lauch putzen, waschen und in feine Streifen schneiden, anschließend in Salzwasser überkochen, abseihen, abschrecken und gut abtropfen lassen. Zwiebel schälen, fein hacken und in der Suppe aufkochen, anschließend Schlagobers zugießen und die Sauce cremig einkochen. Vor dem Servieren die Hälfte des Lauchs zugeben und die Sauce feinst pürieren. Den restlichen Lauch untermischen. Sauce nochmals aufkochen und mit Salz, Pfeffer und Zitronensaft abschmecken.
Eine wahre Gaumenfreude zu Putenbraten!

Linsensauce

70 g Linsen • 1/2 Zwiebel, fein gehackt • 1 EL Butter • 1 Schuß Weißwein • 125 ml Suppe • 125 ml Schlagobers • Salz • Pfeffer, frisch gemahlen • Majoran

Die Linsen über Nacht in Wasser einweichen und anschließend darin mit etwas Salz und einem Schuß Essig weichkochen und abseihen. Zwiebel fein hacken, mit den Linsen in 1 EL Butter anschwitzen, den Weißwein und die Suppe zugießen und aufkochen. Schlagobers zugeben und ein wenig eindicken lassen. Die Sauce pürieren und mit Salz, Pfeffer und Majoran abschmecken.
Zu Gemüsestrudel reichen.

Morchelsauce für Nudelgerichte

1 kl. Zwiebel, fein gehackt • 1 EL Butter • 1 EL Mehl, glatt • 100 g Morcheln, frisch oder 20 g getrocknet • 100 ml Weißwein • 200 ml Schlagobers • Salz • Pfeffer, frisch gemahlen

Auf dem Backblech getrocknete Morcheln

Nudeln mit Morchelsauce

Feingehackte Zwiebel in Butter glasig anschwitzen lassen, die kleingehackten Morcheln beigeben, ebenfalls anrösten, anschließend mit Mehl stauben und weiter rösten. Mit Wein und Schlagobers aufgießen und etwas einkochen lassen. Mit Salz und Pfeffer abschmecken.

Petersiliensauce

Petersilie, fein gehackt • 30 g Butter • 30 g Mehl, glatt • 250 ml Hühnersuppe • 125 ml Schlagobers • 1 Eigelb • Salz • weißer Pfeffer, frisch gemahlen

Die Petersilie waschen, abtropfen lassen, die Blätter von den Stielen zupfen und fein hacken.

SAUCEN

Butter schmelzen und das Mehl darunterrühren, etwas anschwitzen lassen. Hühnersuppe und Schlagobers langsam dazugießen, mit einem Schneebesen gut verrühren und aufkochen lassen. Nach ca. 10minütigem Köcheln vom Herd nehmen und das Eigelb unterrühren. Mit Salz und Pfeffer abschmecken und die Petersilie untermischen.
Heiß zu einem Kartoffelauflauf servieren.

Pfeffersauce

1 kleine Zwiebel • 1 EL Pfefferkörner, grün • 1 EL Weinbrand • 125 ml Suppe • 125 ml Schlagobers • Salz • Pfeffer, frisch gemahlen • Öl

Zwiebel und Pfefferkörner in etwas erhitztem Öl anschwitzen lassen, mit Weinbrand ablöschen und mit Suppe aufgießen. Schlagobers zugießen und die Sauce cremig einkochen lassen. Mit Salz und Pfeffer abschmecken.

Pilzsauce

1000 g Eierschwammerl (Pfifferlinge) oder Herrenpilze • 100 g Butter • 1 Zwiebel, fein geschnitten • Salz • Pfeffer, frisch gemahlen • 6 EL Schlagobers • 3 EL Mehl Petersilie, fein gehackt

Die feingeschnittene Zwiebel in heißer Butter anschwitzen, die blättrig geschnittenen Pilze beigeben, würzen und bei starker Hitze rasch halbweich dünsten. Mehl und Schlagobers gut verrühren, zu den Pilzen geben, kurz durchkochen und ca. 10 Minuten ziehen lassen. Mit gehackter Petersilie bestreut zu Semmelknödeln servieren.

Roquefortsauce

1/2 Zwiebel, fein gehackt • 1 EL Butter • 1 Schuß Weißwein 100 ml Milch • 100 g Roquefortkäse • 1 Bund Schnittlauch • Salz • Pfeffer, frisch gemahlen

Zwiebel schälen und klein schneiden. In einem Topf die Butter aufschäumen und die Zwiebel darin glasig anschwitzen lassen, mit Weißwein ablöschen. Mit der Milch aufgießen, aufkochen lassen, den Käse einbröckeln. Die Käsesauce im Turmmixer oder mit dem Mixstab aufmixen. Mit Salz und Pfeffer abschmecken. Den Schnittlauch waschen, fein schneiden und kurz vor dem Servieren einrühren.
Schmeckt besonders gut zu einem Käseauflauf.

Rosmarinsauce

2–3 Rosmarinzweige • 20 g Butter • 125 ml Wasser • 125 ml Schlagobers • 1 EL Mehl, glatt • 2 EL kaltes Wasser • 1–2 EL Sherry (medium) • Salz • Pfeffer, frisch gemahlen • Paprika, edelsüß

Rosmarin abspülen, trockentupfen, kleinschneiden. In der Butter andünsten. Wasser und Schlagobers dazugießen, verrühren, etwas köcheln lassen. Mehl mit Wasser verrühren, unter Rühren in die Flüssigkeit geben, etwa 5 Minuten köcheln lassen. Sherry unterrühren, die Sauce mit Salz, Pfeffer und Paprika abschmecken.
Eine Delikatesse zu gebratenem Fisch!

Rosmarinsauce zu gebratenem Wels

SAUCEN

Sardellensauce

6 Sardellenfilets • 30 g Butter • 1 kl. Zwiebel, fein geschnitten • Petersilie, klein gehackt • 30 g Mehl, glatt • Rindsuppe • Zitronensaft • Salz • Pfeffer, frisch gemahlen • Zucker • Sauerrahm oder Schlagobers

Zwiebel und Petersilie in aufgeschäumter Butter glasig rösten, mit dem Mehl stauben und rösten, mit Rindsuppe aufgießen, mit dem Schneebesen glattrühren und gut verkochen lassen. Passieren und die klein geschnittenen Sardellenfilets hineingeben. Mit Zitronensaft, Salz und Pfeffer abschmecken. Vor dem Servieren mit etwas Sauerrahm oder Schlagobers verfeinern.
Zu Kalbsleber natur servieren.

Schnittlauchsauce I

1/2 Zwiebel, fein gehackt • 30 g Butter • 60 ml Weißwein • 500 ml Hühnersuppe • 250 ml Schlagobers • Salz • Pfeffer, frisch gemahlen • Zitronensaft • Schnittlauch

Zwiebel in Butter anschwitzen lassen, mit dem Weißwein ablöschen und der Hühnersuppe aufgießen. Auf die Hälfte einkochen lassen, dann das Schlagobers zugießen und die Sauce cremig einkochen lassen. Mit Pfeffer, Salz und Zitronensaft abschmecken und den feingeschnittenen Schnittlauch einrühren.
Zu Gemüsestrudel servieren.

Schnittlauchsauce II

125 ml Suppe • 1 Becher Crème fraîche • Schnittlauch • Salz • Pfeffer, frisch gemahlen

Die Suppe aufkochen lassen, Crème fraîche einrühren und die Sauce ca. 1 Minute köcheln lassen. Mit Salz und Pfeffer abschmecken, den feingeschnittenen Schnittlauch untermischen.
Zu Gemüsestrudel servieren!

Rindfleisch mit Semmelkren und Schnittlauchsauce

Semmelkren

4 Semmeln vom Vortag • 375 ml Rindsuppe, entfettet • 1 KL Zucker • Salz • Pfeffer, frisch gemahlen • Muskat • etwas Zitronensaft • 10 g Butter • 80 g Kren, klein gerissen • 2 EL Schlagobers

Die Semmeln event. entrinden und in kleine Würfel schneiden, mit kochender Rindsuppe übergießen und mit einem Schneebesen so lange rühren bzw. schlagen, bis ein dicker Brei entsteht. Mit Zucker, Salz, Pfeffer, Muskat und Zitronensaft abschmecken und die Butter dazurühren. Erst zum Schluß den gerissenen Kren untermischen. Nicht mehr kochen lassen! Vor dem Servieren kann noch mit dem Schlagobers legiert werden.
Die Beilage zu gekochtem Rindfleisch!

Tomatencremesauce für Nudelgerichte

1 Schalotte, fein gehackt • 30 g Butter • 1 EL Tomatenmark • 125 ml Crème fraîche • Salz • Pfeffer, frisch gemahlen • Zitronensaft

Feingehackte Schalotte in der Butter glasig andünsten, Tomatenmark hinzufügen und kurz miterhitzen, Crème fraîche einrühren und etwas köcheln lassen. Mit Salz, Pfeffer und Zitronensaft abschmecken.

Tomatensauce I

1000 g Tomaten • 80 g Zwiebeln, klein gehackt • 1 Knoblauchzehe, zerdrückt • Salz • Zucker • Pfeffer, frisch gemahlen • 2 Gewürznelken • 40 g Butter • 40 g Mehl, glatt • Essig oder Zitronensaft

Die Tomaten waschen, den Fruchtansatz ausschneiden, in kleine Stückchen schneiden und mit ca. 250 ml Wasser, Zwiebeln und den Gewürzen etwa 1/2 Stunde zugedeckt kochen lassen. Anschließend passieren. Aus aufgeschäumter Butter und Mehl eine helle Einbrenn bereiten, mit den passierten Tomaten aufgießen, glattrühren und bei Bedarf mit etwas Wasser oder Suppe aufgießen. Zu richtiger Saucenkonsistenz einkochen lassen. Zuletzt mit Zucker, Salz, Pfeffer und Zitronensaft oder Essig abschmecken.

Tomatensauce II

20 g Olivenöl • 60 g Zwiebeln, klein gehackt • 4 EL Tomatenmark • 750 ml Suppe • Salz • Zucker • Pfeffer, frisch gemahlen • 1 Knoblauchzehe, zerdrückt • 2 Gewürznelken • Essig oder Zitronensaft

Zwiebeln in heißem Olivenöl glasig anlaufen lassen, mit Mehl stauben, das Tomatenmark beigeben, kurz rösten, mit Suppe aufgießen, mit den Gewürzen abschmecken, zur richtigen Saucenkonsistenz verkochen und passieren.

Weinsauce für Nudelgerichte

1 kl. Zwiebel, fein gehackt • 1 EL Butter • 100 ml Weißwein • 200 ml Crème fraîche • Salz • Pfeffer, frisch gemahlen • Kräuter nach Belieben

Feingehackte Zwiebel in Butter glasig dünsten, mit Weißwein ablöschen, Crème fraîche unterziehen und sämig einkochen lassen. Mit Salz und Pfeffer abschmecken. Vor dem Servieren kleingehackte Kräuter darunterziehen.

Zitronensauce

40 g Butter • 40 g Mehl, glatt • 1/2 Zwiebel, klein gehackt • Petersilie, klein gehackt • 1/2 Knoblauchzehe • Rindsuppe • Salz • Pfeffer, frisch gemahlen • Zitronenschale und -saft nach Belieben

Feingehackte Zwiebel in der Butter glasig anlaufen lassen, mit dem Mehl stauben und kurz durchrösten. Mit Suppe aufgießen, zu dicklicher Sauce verkochen lassen, mit Knoblauch, Salz und Pfeffer würzen. Zum Schluß mit der feingehackten Zitronenschale und dem Zitronensaft abschmecken, mit Petersilie bestreuen.
Zu Fisch servieren.

Zwiebelsauce I

750 g Zwiebeln • 60 g Butter • Salz • Pfeffer, weiß, gemahlen • Muskat • 40 g Mehl, glatt • 1000 ml Bouillon • 125 ml Crème fraîche

Zwiebeln nudelig schneiden, 5 Minuten blanchieren, abtropfen lassen, mit Butter, Salz, Pfeffer, Muskat weich dünsten, mixen. Mehl trocken rösten, mit Bouillon aufgießen, glattrühren, verkochen lassen, mit Zwiebelpüree vermischen, abschmecken, mit Crème fraîche vollenden.

Zwiebelsauce II

50 g Schweineschmalz • 3 EL Zucker • 200 g Zwiebeln, nudelig geschnitten • 30 g Mehl, glatt • 500 ml Rindsuppe • 2 EL Zitronensaft • Essig • Salz • Pfeffer, frisch gemahlen

Zucker in der Hälfte des heißen Schmalzes hellgelb rösten, Zwiebeln dazugeben und ebenfalls hellbraun rösten. Im restlichen Schmalz das Mehl braun rösten, die Suppe beigeben und mit dem Schneebesen glatt verrühren. Nun die gerösteten Zwiebeln wieder beigeben und die Sauce ca. 20 Minuten verkochen lassen; anschließend passieren und mit Salz und Pfeffer sowie Zitronensaft und einem Spritzer Essig abschmecken.

KALTE
SAUCEN

KALTE SAUCEN

Diese Saucen sind rasch zubereitet und „krönen" zusammen mit Chutneys jede Grillerei, sind beliebte Beilagen zu heurigen Kartoffeln, kalten Braten etc.

Mayonnaise-Saucen

Wichtiger Hinweis: Die Zutaten nie direkt aus dem Kühlschrank verarbeiten! Eidotter und Öl sollten immer Küchentemperatur haben!

Mayonnaise-Grundrezept

2 frische Eidotter • 250 ml Öl • 1 KL Senf • Salz • Pfeffer, frisch gemahlen • Zitronensaft oder Estragonessig • 1 Prise Zucker

Die Eidotter mit Senf verrühren (dann gerinnt die Mayonnaise nicht so leicht), Salz, Pfeffer und einige Tropfen Zitronensaft (oder Essig) dazugeben und mit dem Schneebesen verrühren. Dann tropfenweise das Öl einrühren, bis die Mayonnaise unter ständigem Rühren die gewünschte Festigkeit erreicht hat.

Falls die Mayonnaise gerinnt (z.B. durch Verwendung von zu kalten Zutaten oder durch zu schnelles Einrühren des Öls), verrührt man in einem anderen Gefäß einen frischen Eidotter und rührt die geronnene Mayonnaise unter ständigem Rühren tropfenweise darunter.

Die fertige Mayonnaise kann mit einer dicken, kalten Béchamelsauce verlängert werden, man kann Mayonnaise jedoch auch mit Schlagobers, Sauerrahm, Joghurt oder Essiggurkerlwasser verdünnen. Verschiedenste Mayonnaisesaucen erhält man, wenn man der fertigen Mayonnaise diverse Beigaben zusetzt, z.B. Essiggurkerl, Gemüse, Kapern, Knoblauch, feinstgehackte Kräuter, Tomatenmark, Tomatenketchup, Zwiebel.

Mayonnaise
Dotter mit dem Schneebesen glatt verrühren, …

… dann tropfenweise Öl darunterschlagen, bis die Masse fest wird

Feingehackte Kräuter einrühren, und fertig ist die Kräutermayonnaise

SAUCEN

Cocktailsauce

250 ml Sauerrahm • 125 ml Mayonnaise • 2 EL Ribiselgelee • 2 EL Ketchup • 1 KL Curry • Salz • Pfeffer, frisch gemahlen • Zitronensaft • einige Tropfen Weinbrand

Sauerrahm, Mayonnaise, Ribiselgelee und Ketchup glatt rühren, mit einigen Tropfen Zitronensaft und Weinbrand aromatisieren und mit Salz, Curry und frisch gemahlenem Pfeffer abschmecken.
Sauce für Shrimpscoctail, ...

Currysauce

3 EL Mayonnaise • 3 EL Sauerrahm • Curry • Salz • Pfeffer, frisch gemahlen • 1 EL Mixed Pickles

Alle Zutaten gut vermischen. Mit Salz und Pfeffer abschmecken.

Eier-Kräuter-Sauce

3 EL Mayonnaise • 3 EL Sauerrahm • 2 Eier, hartgekocht • 1 Gewürzgurkerl, fein gehackt • 1 Knoblauchzehe, zerdrückt • Kräuter • Salz • Pfeffer, frisch gemahlen

Mayonnaise und Rahm gut abmischen und mit Salz und Pfeffer abschmecken, die gehackten Eier, Gewürzgurkerl, Knoblauch und Kräuter untermischen.

Eier-Kren-Sauce

125 ml Mayonnaise • 2 EL Sauerrahm • 1 Ei, hartgekocht • 2 EL Kren, fein gerieben • 1 Essiggurkerl, fein gehackt • Salz • Pfeffer, frisch gemahlen

Alle Zutaten gut verrühren und mit Salz und Pfeffer abschmecken.

Feuersauce, mexikanisch

2 EL Tomatenketchup • 1 EL Paprikamark • 6 EL Mayonnaise • 1 EL Chilisauce • Chilipulver • Cayennepfeffer • 1 Prise Zucker

Ketchup, Paprikamark, Mayonnaise und Chilisauce gut verrühren, mit Chilipulver und Cayennepfeffer nach Geschmack richtig „feurig" machen, event. mit einer Prise Zucker geschmacklich abrunden.

Grüne Sauce

125 ml Mayonnaise • einige frische Spinatblätter • 1 Knoblauchzehe, zerdrückt • Petersilie, fein gehackt • Kresse, klein zerschnitten • Estragon, fein gehackt • Salz • Pfeffer, frisch gemahlen

Spinatblätter und Kräuter fein schneiden, mixen und mit der Mayonnaise sowie dem zerdrückten Knoblauch vermischen. Mit Salz und Pfeffer abschmecken.

Kapernsauce

1 Phiole Kapern • 2 kleine Zwiebeln • 4 EL Mayonnaise • 2 EL Joghurt • Zitronensaft • Salz • Pfeffer, frisch gemahlen • 1 Prise Zucker

Kapern und Zwiebeln fein hacken, mit den übrigen Zutaten verrühren und abschmecken.

Kardinalsauce

1 Eidotter • 1 KL Senf • 125 ml Öl • Salz • Pfeffer, frisch gemahlen • Zitronensaft oder Essig • 3 EL Hot-Ketchup • 1 EL Tafelkren • Senf • 50 ml Weinbrand

Eidotter mit Senf verrühren, tropfenweise das Öl dazugeben, mit den übrigen Zutaten vermischen, pikant abschmecken.

SAUCEN

Kräuter-Essig-Sauce

1 Eidotter • 1 KL Senf • 125 ml Öl • 125 ml Sauerrahm • 2 EL Balsamicoessig • 2 EL Schnittlauch • 2 EL Petersilie • 1 EL Dill • Salz • Pfeffer, frisch gemahlen

Eidotter mit Senf verrühren, tropfenweise das Öl dazugeben. Anschließend Sauerrahm und Essig sowie die kleingeschnittenen Kräuter einrühren. Mit Salz und Pfeffer abschmecken.

Kräutermayonnaise

250 ml Mayonnaise • je 1 EL Schnittlauch, Petersilie, Dill, Thymian, Kerbel, Estragon • Schlagobers

Kräuter klein schneiden und im Mixer pürieren, unter die Mayonnaise rühren, zum Schluß etwas geschlagenes Obers darunterziehen.

Kräutersauce I

125 ml Mayonnaise • 125 ml Crème fraîche • Saft 1 Zitrone • 2 EL Petersilie • 2 EL Schnittlauch • 2 EL Dill • Worcestersauce • 1 Prise Zucker • Salz • Pfeffer, frisch gemahlen

Mayonnaise, Crème fraîche und Zitronensaft schaumig aufschlagen, die feingeschnittenen Kräuter unterheben, mit einigen Tropfen Worcestersauce, Zucker, Salz und Pfeffer abschmecken.

Kräutersauce II

2 Essiggurkerln • Petersilie • Schnittlauch • 4 EL Mayonnaise • 2 EL Sauerrahm • Salz • Pfeffer, frisch gemahlen

Essiggurkerln fein hacken, mit Petersilie und Schnittlauch, Mayon-

naise und Sauerrahm verrühren. Mit Salz und Pfeffer abschmecken und kalt stellen.
Zu Gemüsestrudel reichen.

Pfeffersauce

2 EL grüne Pfefferkörner aus dem Glas • 4 EL Mayonnaise • 4 EL Magertopfen • Salz • event. 2 EL Schlagobers

Die Pfefferkörner sehr klein hacken und mit der Mayonnaise sowie dem Topfen gut abrühren; mit Salz nach Geschmack würzen. Kurz vor dem Servieren eventuell noch 2 EL geschlagenes Obers unterziehen, damit die Sauce „luftiger" wird. Mit einigen grünen Pfefferkörnern garnieren.

Polnische Sauce

300 ml Mayonnaise • 3 EL Ribiselgelee • Zitronensaft

Ribiselgelee mit Mayonnaise verrühren, mit Zitronensaft abschmecken.

Remouladensauce

2 Eidotter, roh • 1 EL Senf • 2 Eidotter, hartgekocht • Salz • Pfeffer, frisch gemahlen • Zucker • 250 ml Öl • 2 EL Obers • 2 EL Zitronensaft, gewässert • 1 KL Kapern, fein gewiegt • 1 kleine Zwiebel, gerieben • 2 Sardellenfilets, fein gehackt • 2 EL frische Kräuter, fein gewiegt • 2 EL Gewürzgurkerl, kleinwürfelig geschnitten

Rohe Dotter und Senf gut verrühren, zerdrückte hartgekochte Eidotter beifügen, mit Salz, Pfeffer, Zucker würzen, tropfenweise das Öl einrühren. Obers, Zitronensaft, Kapern, Zwiebel, Sardellen und Kräuter sowie die Gewürzgurkerl unterziehen und abschmecken.

SAUCEN

Teufelssauce I

125 ml Mayonnaise • 60 ml Joghurt • etwas Hot-Ketchup • Paprikapulver, scharf • Salz • Pfeffer, frisch gemahlen • Kirschpfefferoni • 60 ml Schlagobers, fertig geschlagen

Mayonnaise mit Joghurt und Ketchup gut verrühren, mit Gewürzen abschmecken. Vor dem Servieren steif geschlagenes Schlagobers unterziehen.

Teufelssauce II

1 Eidotter • 1 KL Senf • 125 ml Öl • Salz • Pfeffer, frisch gemahlen • Zitronensaft oder Essig • 1 Pfefferoni • Paprikapulver, scharf • 1–2 KL Hot-Ketchup

Dotter mit Senf verrühren, tropfenweise das Öl dazugeben, mit dem feingewiegten Pfefferoni und den übrigen Zutaten vermischen.

Tiroler Sauce

125 ml Mayonnaise • 2 EL Tomatenmark • Kren, gerieben

In die Mayonnaise Tomatenmark und geriebenen Kren (nach Geschmack) unterziehen.

Selbständige kalte Saucen

Ob als g'schmackige Ergänzung zu Fleisch und Kartoffeln zur Grillerei im Garten oder bei einer Steinplattengrillerei auf der Terrasse oder am Balkon, zu Fleisch- und Fischgerichten, Aufläufen oder nur zu heurigen Kartofferln – kalte Saucen krönen jede Mahlzeit!

Ajvar

Ajvar I

4 Tomaten • 2 Paprika • 2 Pfefferoni • 1 Knoblauchzehe • 1 Zwiebel, fein gehackt • Salz • Wein • Öl

Tomaten in heißes Wasser geben, abschrecken und enthäuten. Paprika in das heiße Backrohr geben und anschließend enthäuten. Zwiebel schälen und fein hacken. Kleingeschnittene Tomaten, Paprika, Pfefferoni und Zwiebel mixen (im Aufsatzmixer), Knoblauchzehe auspressen, mit Salz, Wein und Öl abschmecken.
Paßt vorzüglich zu gegrillten Speisen!

Ajvar II

300 g Auberginen • 250 g grüne Paprika • Salz • Pfeffer, schwarz • 1 Knoblauchzehe • 1 EL Zitronensaft • 3 EL Olivenöl • Petersilie

Backofen auf 250 °C vorheizen, Paprika und Auberginen auf den Rost legen (ca. 20 Minuten), Paprika anschließend schälen. Auberginen nach dem Herausnehmen sofort in ein feuchtes Tuch wickeln – nach ca. 10 Min. löst sich die Schale. Das geschälte und enthäu-

tete Gemüse anschließend sehr fein hacken. Auberginenmasse in Tuch ausdrücken.
Paprika, Auberginen, Salz, Pfeffer, Knoblauch und Zitronensaft mischen, langsam Öl unterrühren und abschmecken. Eventuell Petersilie untermischen.
Schmeckt sehr gut auf Weiß- oder Schwarzbrotscheiben bzw. auf Kräckers als Vorspeise.

Apfelkren I

3 Äpfel • Zitronensaft • 3 EL Kren, fein gerissen • Salz • Essig • 1 Prise Zucker • Wasser

Die Äpfel vierteln, mit Zitronensaft beträufeln, mit ganz wenig Wasser weich dünsten, Wasser abseihen, Äpfel durch ein Haarsieb passieren. Den feingerissenen Kren und einige Tropfen Essig in den Apfelbrei mischen, mit etwas Zucker und Salz abschmecken.

Apfelkren II

3 Äpfel • Zitronensaft • 3 EL Kren, fein gerissen • 1 EL Öl • Salz • Zucker • 50 g Mandeln, ohne Schale, grob gemahlen

Apfelkren

Die Äpfel schälen, vierteln und das Kerngehäuse entfernen. Fein reiben, mit Zitronensaft beträufeln. Gerissenen Kren und Öl unterrühren, mit Salz und Zucker abschmecken. Zum Schluß die Mandeln unterheben.

Apfel-Kren-Sauce

2 Äpfel • 2 KL Kren, fein gerissen • Zitronensaft • 125 ml Schlagobers • Salz • Pfeffer, frisch gemahlen

Äpfel und Kren reiben, mit einigen Tropfen Zitronensaft beträufeln und mit dem geschlagenen Schlagobers vermischen, mit Salz und Pfeffer abschmecken.

Basilikumsauce für Spargel

4 Bund Basilikum • 2 KL Balsamicoessig • 6 EL Öl • 6 EL Spargelwasser • Salz • Pfeffer, frisch gemahlen • 1 Prise Zucker • event. 2 Eier, hartgekocht • Salatblätter

Basilikum waschen, Blätter von den Stielen zupfen und fein hacken. Essig, Öl und Spargelwasser dazugeben. Alles mit dem Mixstab mixen. Mit Salz, Pfeffer und einer Prise Zucker würzen.
Salatblätter auf einen Teller legen, Spargel mit der Sauce anrichten und ca. 15 Min. durchziehen lassen. Mit den gewürfelten, harten Eiern bestreuen.
Ergibt eine delikate Vorspeise!

Champignonsauce

250 ml Sauerrahm • etwas Öl • 1 Ei, hartgekocht, fein gehackt • etwas Senf • Salz • Pfeffer, frisch gemahlen • 200 g Champignons • Petersilie • etwas Worcestersauce

Sauerrahm, Öl, gehacktes Ei, Senf, Salz und Pfeffer cremig rühren. Champignons dämpfen, auskühlen lassen, fein hacken, zur Rahmsauce geben. Petersilie und Worcestersauce unterrühren.

Cumberland-sauce zu Wildpastete … (auch dem „bunten Gast" schmeckt's)

Cumberlandsauce

1 Orange, unbehandelt • 1/2 Zitrone • 125 ml Ribiselgelee • 125 ml Preiselbeerkompott, passiert • 1 KL scharfer Senf • 125 ml Rotwein • etwas Ingwer, frisch gemahlen • Cayennepfeffer

Orangenschalen ganz dünn schälen (event. mit dem Kartoffelschäler) und in ganz schmale Streifen schneiden. Die Orange auspressen, mit dem Rotwein erwärmen und die Orangenstreifen in dieser Mischung kurz blanchieren. Auskühlen lassen und mit Ribiselgelee und Preiselbeerkompott verrühren. Mit Zitronensaft, Ingwer, Senf und Cayennepfeffer abschmecken. Bei Bedarf noch etwas Orangensaft unterrühren. Mindestens 24 Stunden im Kühlschrank ziehen lassen!

Currysauce

125 ml Sauerrahm • 125 ml Joghurt • 2 EL Estragonsenf • 1 kleine Zwiebel • Curry je nach gewünschter Geschmacksintensität • Salz • Pfeffer, frisch gemahlen

Kalte Currysauce

Sauerrahm und Joghurt gut vermischen, feingehackte Zwiebel untermischen, mit Salz und Pfeffer abschmecken, Curry untermengen.

Essigkren

125 ml Himbeeressig • 4 Eidotter, hartgekocht • Kren, fein gerieben • 50 ml Öl • Pfeffer, frisch gemahlen • Salz • 1 Prise Zucker • Schnittlauch

Die Eidotter mit einer Gabel zerdrücken, mit Himbeeressig und Öl zu einem glatten Brei verrühren. Mit feingeriebenem Kren, Pfeffer, Salz sowie 1 Prise Zucker abschmecken. Mit fein geschnittenem Schnittlauch bestreuen.

Gurkensauce

3 Essiggurkerln • Dill • Petersilie • 1 kl. Zwiebel • 1 Sardellenfilet • 2 Eier, hartgekocht • 1 EL Tomatenmark • 3 EL Öl • 1 KL Senf • Salz • Pfeffer, frisch gemahlen • Zucker • etwas Essiggurkerl-Marinade

Essiggurkerln, Zwiebel, Sardellenfilet und Eier klein schneiden, Dill und Petersilie fein hacken. Alle Zutaten gut vermischen und zu einer dicklichen Sauce verrühren.

Honigsauce, scharf

3 EL Honig • 200 ml Ketchup • 3 EL Apfelessig • 1 EL Schnittlauch • 1 EL Petersilie • 1 EL Dill • 2 Knoblauchzehen, fein gehackt • 1 kl. Pfefferoni, klein geschnitten • 1/2 KL Curry

Alle Zutaten gut verrühren.

Sauce für Graved Lachs oder anderen gebeizten Fisch

50 g süßer Senf • 2 EL Weinessig • 1 Moccalöffel Salz • 2 EL Zucker • 60 g Öl • 25 g Dill

Diese Zutaten benötigt man für die Zubereitung der Sauce

Gebeizte Forelle mit Sauce für Graved Lachs

Senf, Weinessig, Salz und Zucker in einer tiefen Schüssel zu einer dicken Creme verrühren. Langsam das Öl zugießen und mit dem Mixer zu mayonnaiseartiger Konsistenz aufschlagen. Den gehackten Dill vorsichtig darunterziehen.

Käsesauce

250 g Blauschimmelkäse • 200 ml Milch • 1 Apfel • 1/2 Zitrone • Salz nach Bedarf • 1 EL Petersilie

Die Milch erwärmen. Blauschimmelkäse in kleine Stückchen brechen, unter Rühren in die erwärmte Milch mischen, bis die ganze Masse erwärmt ist. Anschließend mit dem Stabmixer pürieren. Den Apfel schälen, vierteln und das Kerngehäuse entfernen. Apfelviertel in kleine Stücke schneiden. Zitrone ausdrücken, Saft über die Apfelstückchen träufeln und unter die Sauce rühren. Mit der gehackten Petersilie bestreuen.
Ideal als Grillbeilage!

Knoblauchsauce, französisch

5 Zehen Knoblauch • 1 EL Semmelbrösel • 1 EL Weinessig • 4 Dotter • 1/2 KL Salz • 1 Messerspitze Pfeffer • 1 1/2 Tassen Olivenöl • 1 EL Zitronensaft

Semmelbrösel etwa 5 Minuten in Weinessig einweichen. Frische, von der Schale befreite Knoblauchzehen dazugeben und zu einer feinen Pasta zerquetschen. Unter diese Masse nacheinander 4 Dotter schlagen, Salz und Pfeffer beifügen. Ist die Masse richtig dick und zäh, das Olivenöl tropfenweise einrinnen lassen. Die Sauce sollte wie eine dicke Mayonnaise aussehen. Zum Schluß Zitronensaft beifügen.

Kräutercreme, pikant

150 ml Crème fraîche • 2 EL Weißwein • Salz • Pfeffer, frisch gemahlen • Worcestersauce • 1 EL gehackte Kräuter • 1 KL feingehackte Haselnußkerne

Crème fraîche mit Weißwein verrühren, kurz aufkochen lassen. Mit Salz, Pfeffer, Worcestersauce würzen. Gehackte Kräuter und Haselnußkerne unterrühren.
Zu gegrilltem Fisch oder Fleisch reichen.

Kräutersauce I

3 EL Käuter (Petersilie, Schnittlauch, Kerbel, Dill, Borretsch, • Estragon, Basilikum, Kresse) • 1 kleine Zwiebel • 150 g Crème fraîche • 250 g Topfen • Salz • Pfeffer, frisch gemahlen • Zucker

Die Kräuter abspülen, trockentupfen, sehr fein hacken bzw. schneiden. Zwiebel schälen, sehr fein schneiden. Kräuter, Zwiebel, Crème fraîche und Topfen in einem Aufsatzmixer 1–2 Minuten mixen. Anschließend die Sauce mit Salz, Pfeffer und Zucker abschmecken.
Paßt sehr gut zu Lachsmousse, gekochten Eiern oder gekochtem Rindfleisch.

Kräutersauce II

1 kleine Zwiebel • 1 KL Kapern • 1 Knoblauchzehe • 2 EL Kräuter, frisch gehackt (z.B. Petersilie, Schnittlauch,

Kräutersauce

Basilikum, Thymian, Estragon, Dill, Salbei) • 2 EL Schlagobers • 200 g Crème fraîche • Salz • Pfeffer, frisch gemahlen

Zwiebel schälen und in kleine Würfel schneiden, mit Salz und Pfeffer im Mörser zerreiben. Kapern fein hacken. Knoblauchzehe schälen und pressen. Zerstoßene Zwiebel mit Kapern, Knoblauch und den Kräutern vermischen. Anschließend Schlagobers und Crème fraîche unterheben.

Eine ideale Beilage zu gekochter Rinderzunge!

Krensauce

100 ml Sauerrahm • 100 ml Joghurt • Kren, fein gerieben, • Salz • Pfeffer, frisch gemahlen • Zitronensaft

Kren im Cutter fein reiben, mit einigen Tropfen Zitronensaft beträufeln.
Sauerrahm und Joghurt cremig rühren und mit den übrigen Zutaten abschmecken.

Krensauce

SAUCEN

Mandelkren

15 weiße Mandeln • 125 ml Schlagobers • 3 EL Mehl, glatt • 1 EL Butter • 2 EL Kren, fein gerieben • Salz • 1 Prise Zucker

Schlagobers mit Mehl glatt verquirlen und unter ständigem Rühren aufkochen lassen. Butter, die feingeriebenen Mandeln und den feingeriebenen Kren (Cutter) unterrühren. Mit Salz und Zucker abschmecken.

Mandel-Pfeffer-Sauce

30 g blanchierte, geriebene Mandeln • 1 KL Knoblauch, fein gehackt • 1/2 KL Cayennepfeffer • 1 KL Salz • 1 kl. Tomate • 50 ml Rotweinessig • 250 ml Olivenöl

Backofen auf 175 °C vorwärmen. Mandeln im Backrohr leicht rösten. Tomate in heißem Wasser blanchieren, abschrecken, enthäuten, entkernen, sehr fein hacken. Mandeln, Gewürze, Tomate und Essig zu einer glatten Paste verrühren. Öl tropfenweise beifügen (mixen), bis die Sauce eine dicke Konsistenz aufweist.
Paßt zu gegrilltem oder gekochtem Fleisch, Fisch oder Meerestieren.

Oberskren

250 ml Schlagobers • 5 EL Kren • Salz • Zitronensaft • Zucker

Kren im Cutter ganz fein hacken, mit einigen Tropfen Zitronensaft beträufeln. Schlagobers steif schlagen, Kren vorsichtig darunterziehen, mit Salz und Zucker abschmecken. Ganz kurz im Kühlschrank ziehen lassen!

Oberskren

Räucherforellen-filets mit Oberskren

Olivensauce

1 Zwiebel • 3 EL Öl • 4 EL Ketchup • 1 EL Zitronensaft • 12 gefüllte Oliven • Salz • 1 Prise Zucker

Zwiebel fein hacken, mit Öl, Ketchup und Zitronensaft mittels Stabmixer oder Aufsatzmixer pürieren. Oliven quer in Scheiben schneiden und untermengen. Mit Salz und Zucker abschmecken und einige Stunden ziehen lassen, dann nochmals mit den angegebenen Gewürzen abschmecken.

Paprikasauce, marokkanisch

1 Chilischote • 2 Knoblauchzehen • 1 EL Koriander, gemahlen • 1 KL Kreuzkümmel, gemahlen • 2 EL Olivenöl

• 500 g rote Paprikaschoten • 500 g Tomaten • Salz • Cayennepfeffer

Chilischote und Knoblauchzehen fein hacken und mit Koriander, Kreuzkümmel sowie Olivenöl gut vermischen. Paprikaschoten kurz in das heiße Backrohr geben, anschließend enthäuten. Das Fruchtfleisch im Aufsatzmixer fein pürieren. Tomaten in heißes Wasser geben, abschrecken und enthäuten. Anschließend grob würfeln, zum Paprikamus geben und nochmals pürieren. Chilipasta unter das Püree mischen, mit Salz und Cayennepfeffer abschmecken.

Paßt herrlich zu Weißbrot oder, wie in Marokko, zu Couscous.

Pfirsichsauce

1 Zwiebel • 2 Pfirsiche • 1 EL Öl • 2 EL Honig • 75 ml klare Suppe • 2 EL Weinessig • Salz • Pfeffer, frisch gemahlen

Zwiebel fein schneiden, im Öl glasig dünsten. Pfirsiche kurz überbrühen, enthäuten und in kleine Würfel schneiden. Pfirsichwürfel, Honig und klare Suppe zum gedünsteten Zwiebel geben. Bei schwacher Hitze 5 Min. köcheln lassen. Mit Salz, Pfeffer und Weinessig würzen und abkühlen lassen.

Preiselbeerkren

2 EL Kren, fein gerissen • 4 EL Preiselbeerkompott, passiert • 2 EL Senf • Zitronensaft • Salz • 125 ml Schlagobers, geschlagen

Den Kren mit dem passierten Preiselbeerkompott und dem Senf mit der Schneerute sehr gut verrühren, mit Zitronensaft und einer Prise Salz abschmecken. Zum Schluß das steifgeschlagene Schlagobers darunterziehen.

Rahm-Senf-Sauce

250 ml Sauerrahm • 4 EL Englischer Senf • 1 EL Zwiebel, fein geschnitten • 1 Prise Zucker • Salz • Pfeffer, frisch gemahlen

Sauerrahm glatt rühren, mit Senf und Zwiebel vermengen, mit Zucker, Salz und Pfeffer abschmecken.
Paßt gut zu gekochtem Schinken!

Rhabarber-Sauce

250 g Rhabarber • 1 Zwiebel • 2 EL Öl • 100 ml Rotwein • 2 EL Zucker • 1 KL Senf • Ingwer, frisch gerieben • 1 Bund Schnittlauch

Rhabarber waschen, schälen, in 3 cm lange Stücke schneiden. Zwiebel schälen und würfeln, in heißem Öl glasig dünsten. Rhabarber zugeben, im Zwiebelfett andünsten, Rotwein beifügen, mit Zucker abschmecken. Rhabarber zugedeckt bei sehr schwacher Hitze 5 Minuten kochen, erkalten lassen. Die Flüssigkeit vorsichtig abgießen und mit Senf verrühren, mit einem Hauch Ingwer würzen. Rhabarber (bis auf einen kleinen Rest) dazugeben, mit dem Pürierstab pürieren. Mit geschnittenem Schnittlauch und dem restlichen Rhabarber bestreuen.
Zu pochiertem Fisch reichen.

Rote Rüben-Sauce

1 Rote Rübe • 1 Lorbeerblatt • 1 Spritzer Essig • 1 Becher Crème fraîche • 250 ml Sauerrahm • 8 EL Roter Rübensaft • Salz • Pfeffer, frisch gemahlen • Zitronensaft • Kümmel, gemahlen

Rote Rübe vorsichtig waschen (Schale nicht verletzen!). Salzwasser mit 1 Lorbeerblatt und 1 Spritzer Essig würzen. Rote Rübe darin weichkochen (dauert ca. 3/4 Stunde). Crème fraîche und Sauerrahm

SAUCEN

mit Rotem Rübensaft gut verrühren. Sauce mit Salz, Pfeffer, Zitronensaft und ganz wenig gemahlenem Kümmel würzen. Rote Rübe schälen, zuerst in 3 mm dicke Scheiben, dann in Streifen schneiden. Sauce anrichten und mit den Roten Rübenstreifen garnieren.
Paßt sehr gut zu einer Heringsterrine!

Sahnige Senfsauce

2 EL Estragonsenf • 125 ml Schlagobers • Salz • 2 KL Zitronensaft • 8 Tropfen Tabasco

Das Schlagobers so lange schlagen, bis es cremig ist. Den Senf vorsichtig darunter ziehen, danach die übrigen Zutaten beifügen.

Sauce für gegrillte Würstel

6 EL Zwiebel • 6 Knoblauchzehen • 1 EL Salz • 1 EL Paprikapulver, edelsüß • Maiskeimöl

Zwiebel und Knoblauchzehen ganz fein hacken, mit den übrigen Zutaten vermengen. Öl unterrühren, bis die richtige Konsistenz erreicht ist.

Sauce vinaigrette (Essig-Kräuter-Sauce)

2 Eier, hartgekocht • 1 Essiggurkerl • 1 kleine Zwiebel • 1 KL Kapern • 1 Bund Petersilie • 65 ml Öl • 65 ml Essig • Rindsuppe • Salz • Pfeffer, frisch gemahlen • Worcestersauce

Eier, Essiggurkerl, Zwiebel, Kapern und Petersilie fein hacken. Mit Essig und Öl verrühren, event. mit etwas Rindsuppe nach Geschmack verlängern. Mit Salz, einigen Tropfen Worcestersauce und Pfeffer abschmecken.
Paßt vorzüglich zu Spargel.

Scharfe Sauce

Scharfe Sauce

125 ml Joghurt • 125 ml Sauerrahm • 1/2 kleine Zwiebel, fein gehackt • 1/2 KL Estragonsenf • Kümmel • Pfeffer, frisch gemahlen • Salz • Paprikapulver, edelsüß • Paprikapulver, scharf (oder Cayennepfeffer) • Curry • einige Tropfen Tabasco • etwas Chilisauce • event. 1 Knoblauchzehe

Joghurt und Sauerrahm cremig rühren, mit den übrigen Zutaten vermengen und mit den Gewürzen abschmecken.

Schnittlauchsauce, fein

1 Semmel • 2 hartgekochte Dotter • 1 roher Dotter • 60 ml Öl • 2 Bund Schnittlauch, fein geschnitten • 1 Schuß Essig • Salz • Pfeffer, frisch gemahlen • 1 Prise Zucker

Die Semmel in Wasser einweichen, gut ausdrücken und die Dotter unterrühren. Öl – wie bei einer Mayonnaise – tropfenweise unterschlagen. Schnittlauch dazugeben, mit Essig, Salz, Pfeffer und Zucker abschmecken, kalt stellen.

SAUCEN

Senfsauce

250 ml Sauerrahm • Dijon-Senf oder Englischer Senf • Schnittlauch • Saft 1/2 Zitrone • Salz • Pfeffer, frisch gemahlen • 1 KL Honig

Sauerrahm mit scharfem Senf, Schnittlauch, dem Saft der halben Zitrone, Salz, Pfeffer und dem Honig gut verrühren.
Paßt sehr gut zu einer Heringsterrine.

Zigeunersauce

2 Zwiebeln • Schnittlauch • Petersilie • Salz • Pfeffer, frisch gemahlen • Paprikapulver, scharf • 1 EL Tomatenmark • 1 EL Senf • 2 EL Olivenöl

Zwiebeln, Petersilie und Schnittlauch ganz fein hacken. Alle übrigen Zutaten daruntermengen.

DIPS

DIPS

DIPS

Für überraschend angesagte Besucher gibt es bei mir sehr oft nur Kräcker, Grissini, ein bißchen Brot und viel Gemüse (Karotten, Kohlrabi, Stangensellerie, Paprika, Gurken, Zucchini) bzw. heiße, erst bei Tisch zu schälende Kartoffel – im Sommer alles aus dem eigenen Garten – und Dips.
Dips sind cremige Saucen, meist in wenigen Minuten angerührt (zum Glück gibt es Mixer mit Aufsatz), und passen zu Wein, Bier und eventuell auch zur Bowle.
Wichtig ist, daß die Dips immer gut gekühlt sind, Reste verwenden wir am nächsten Tag als Brotaufstrich.
Bei der Zusammenstellung der Dips sollte man sich bemühen, möglichst verschiedene Varianten (von scharf über kräuterwürzig bis delikat-mild) zuzubereiten. Denn – Geschmäcker sind verschieden.
Die Dips garniert man nach seinem persönlichen Geschmack; ich lasse mich dabei von den Zutaten inspirieren (Kräuter, Zwiebelringe, Essiggurkerln, Radieschen, Tomaten, hartgekochte Eier). Falls ich zuwenig kleine Anrichteschälchen habe, serviere ich einige Dips, je nach Zutaten, in ausgehöhlten Paprikaschoten-, Zucchini-, Gurken-, Kürbis- sowie Baguettehälften.

Auberginen-Dip

2 Auberginen à 200 g • 1 EL Sesamsaat • 1 grüne Chilischote • 1 Knoblauchzehe, geschält • 3 EL Öl • 1 EL Tomatenmark • Salz • Pfeffer, frisch gemahlen • 3 EL Essig • 2 Tomaten

Auberginen 20 Minuten in den auf 180 °C vorgeheizten Backofen legen. Anschließend 10 Minuten in ein feuchtes Tuch einschlagen, die Haut abziehen. Sesam in einer Pfanne ohne Fett leicht rösten.

Chilischote aufschlitzen und die Samenkerne entfernen. Anschließend in Ringe schneiden (unbedingt mit Gummihandschuhen arbeiten) - falls ich keine Chilischoten zu Hause habe, verwende ich Chilisauce. Auberginen, Chiliringe, Knoblauch, Öl und Sesamsaat im Mixaufsatz pürieren. Tomatenmark unterrühren. Mit Salz, Pfeffer und Essig abschmecken. Tomaten überbrühen, Haut abziehen, entkernen und würfeln.
Die Hälfte der Tomatenwürfel unterziehen, den Rest über den Dip streuen.

Basilikum-Apfel-Dip

250 g Magertopfen • 125 ml Crème fraîche • 125 ml Joghurt • 1 EL Basilikum, klein geschnitten • 1 Apfel, geraspelt • Zitronensaft • Ingwerpulver, frisch gerieben • Salz • Pfeffer, frisch gemahlen • Senf

Topfen, Crème fraîche, etwas Senf und Joghurt mit dem Mixer bis zur richtigen Konsistenz verrühren. Basilikum, geraspelten Apfel, etwas Ingwerpulver darunterrühren. Mit Zitronensaft, Salz und Pfeffer abschmecken.

Chili-Dip

1 Zwiebel, fein geschnitten • 1 eingelegte Paprikaschote, fein geschnitten • 125 ml Mayonnaise • 1 EL Chilisauce • 1 EL Tomatenketchup • 1/2 KL Paprikapulver, scharf • Pfeffer, frisch gemahlen • Salz

Alle Zutaten gut verrühren, pikant abschmecken.

Cocktail-Dip

125 ml Mayonnaise • 125 ml Joghurt • 4 EL Ketchup • 2 EL Weinbrand • 1–2 KL grüne Pfefferkörner • 1 EL Kren, gerissen • 2 EL geschlagenes Obers

DIPS

Mayonnaise, Joghurt, Ketchup und Weinbrand gut verrühren. Pfefferkörner und gerissenen Kren untermischen. Vor dem Anrichten geschlagenes Obers unterheben.

Curry-Zucchini-Dip

2 Zucchini à ca. 180 g • 1 Zwiebel • 3 EL Öl • 3 EL Crème fraîche • 2 KL Zitronensaft • 2 KL Curry • Salz • Pfeffer, frisch gemahlen

Zwiebel schälen, fein schneiden. Zucchini in kleine Würfel schneiden. Zucchini- und Zwiebelwürfel im heißen Öl drei Minuten andünsten. Anschließend im Mixer pürieren. Crème fraîche unterrühren. Mit Zitronensaft, Curry, Salz und Pfeffer abschmecken. Mit etwas Curry bestreuen.

Dill-Dip

50 ml Crème fraîche • 150 ml Joghurt • 2 KL Honig • 2 Bund Dill • Salz • Pfeffer, frisch gemahlen

Crème fraîche, Joghurt, Honig und Dill mit dem Schneebesen gut verrühren. Anschließend mit Salz und Pfeffer abschmecken. Mit etwas Dill bestreut servieren.

Gurken-Dip

1 Salatgurke • 1 Bund Radieschen • 250 ml Joghurt • 250 g Topfen • Salz • Pfeffer, frisch gemahlen

Gurke und Radieschen waschen und mit dem Gemüsehobel grob raffeln. Joghurt und Topfen gut verrühren, geraffelte Gurke und Radieschen daruntermengen. Mit Salz und Pfeffer abschmecken.

Indischer-Dip

125 ml Mayonnaise • 125 ml Joghurt • 1/2 Banane, klein geschnitten • 1/2 Apfel, geraspelt • 1 EL Currypulver • Zitronensaft

Mayonnaise mit Joghurt cremig rühren. Bananen- und Äpfelstückchen unterheben. Mit Currypulver und event. etwas Zitronensaft abschmecken.

Kaviar-Dip

250 ml Sauerrahm • 2 EL Dill • 2 EL Frühlingszwiebel + grüne Spitzen • 1/2 KL Zitronensaft • 1 Prise Cayennepfeffer • 250 g roten Kaviar

Alle Zutaten (außer Kaviar) in einer Schüssel gut verrühren. Mit einer Gemüsespachtel Kaviar vorsichtig unterheben.
Paßt sehr gut zu einer Rohgemüseplatte.

Kerbel-Dip

400 g Doppelrahm-Frischkäse • Saft 1/2 Zitrone • 250 ml Schlagobers, geschlagen • 1 Knoblauchzehe, zerdrückt • Pfeffer, frisch gemahlen • Salz • Kerbel nach Geschmack

Frischkäse cremig rühren, zerdrückte Knoblauchzehe, Zitronensaft sowie die feingehackten Kerbelblätter (einige abgezupfte Blätter zum Garnieren beiseite legen) unterziehen. Mit Salz und Pfeffer abschmecken. Etwas durchziehen lassen, vor dem Servieren das geschlagene Obers unterziehen.

Kräuter-Dip I

Schnittlauch • Petersilie • Basilikum • 250 g Joghurt • Salz • Pfeffer, frisch gemahlen • Saft einer 1/2 Zitrone

DIPS

Sieht nicht nur gut aus – es schmeckt auch so!

Schnittlauch fein schneiden. Petersilien- und Basilikumblätter von den Stielen zupfen und fein hacken. Joghurt mit den Kräutern verrühren, mit Salz, Pfeffer und Zitronensaft abschmecken. Mit Basilikumblättern garnieren.

Kräuter-Dip II

200 g Topfen • 1 Becher Crème fraîche • 1/2 Becher Joghurt • 1 EL Petersilie • 1 EL Dille • 1 EL Schnittlauch • 1 EL Basilikum • 1 Knoblauchzehe, zerdrückt • Senf • Pfeffer, frisch gemahlen • Salz

Topfen, Crème fraîche, Joghurt und Senf mit dem Mixer schaumig rühren. Kräuter und zerdrückte Knoblauchzehe untermischen. Mit Salz und Pfeffer abschmecken.

Kürbis-Dip

300 g geschälten Kürbis • 200 g Magertopfen • 125 ml Sauerrahm • 125 ml Schlagobers, geschlagen • Salz • Pfeffer, frisch gemahlen • 1 kleine Zwiebel, fein geschnitten • 1 Essiggurkerl • Petersilie, fein gehackt • 2 Knoblauchzehen, ausgedrückt

Kürbisfleisch kleinwürfelig schneiden und in wenig Salzwasser weich dünsten. Wasser abgießen, auskühlen lassen und mit dem Mixstab fein pürieren. Diese Masse mit Topfen, Sauerrahm, gehackter Zwiebel, zerdrücktem Knoblauch, Petersilie und dem kleingeschnittenen Gurkerl vermischen. Mit Salz und Pfeffer abschmecken. Zum Schluß das geschlagene Obers unterrühren.

Kürbiskern-Dip

125 ml Joghurt • 125 ml Sauerrahm • 1 Knoblauchzehe, zerdrückt • 1 kl. Zwiebel, fein geschnitten • 1/2 kl. Salatgurke • 2 EL Kürbiskerne, fein gehackt • 1 EL Kürbiskerne • Salz • Pfeffer, frisch gemahlen

Salatgurke schälen und in kleine Würfel schneiden. Joghurt und Sauerrahm verrühren. Zwiebel, Gurkenwürfel, zerdrückte Knoblauchzehe und die gehackten Kürbiskerne unterheben. Mit Salz und Pfeffer abschmecken. Vor dem Servieren mit den Kürbiskernen bestreuen.

Kürbiskernöl-Dip

125 g Topfen • 125 g Sauerrahm • 2 Frühlingszwiebeln • 2 Knoblauchzehen, zerdrückt • 3 EL Kernöl • Salz • Kümmel • Pfeffer, frisch gemahlen • Petersilie • Schnittlauch • 1 EL Kürbiskerne

Frühlingszwiebeln ganz fein hacken. Knoblauchzehen schälen und auspressen. Topfen, Sauerrahm, Zwiebeln, Knoblauch, Petersilie und Kernöl mit dem Handmixer gut verrühren. Mit Salz, Pfeffer und Kümmel abschmecken. Mit Schnittlauch und frisch gerösteten Kürbiskernen bestreuen.

Mandel-Dip

4 Scheiben Toastbrot • 50 g Mandeln, gemahlen • 3 Knoblauchzehen, geschält • 2 EL Essig • 2 EL Olivenöl • Salz • Pfeffer, frisch gemahlen

Toastbrot (entrindet) 10 Minuten in Wasser einweichen, dann ausdrücken. Ausgedrücktes Toastbrot, Mandeln, Essig, Öl und 3 EL Wasser in eine Rührschüssel geben und mit dem Pürierstab oder dem Aufsatzmixer pürieren. Anschließend mit Salz und Pfeffer abschmecken. Mit gemahlenen Mandeln bestreuen.

Nuß-Kräuter-Dip

125 ml Crème fraîche • 250 ml Joghurt • 1 EL Senf • Worcestersauce • 50 g Walnüsse, gehackt • 50 g Haselnüsse, gehackt • Schnittlauch • Kerbel • Dill • Salz • Pfeffer, frisch gemahlen

Crème fraîche mit Joghurt cremig rühren. Wal- und Haselnüsse sowie die Kräuter unterziehen. Mit Salz, Pfeffer, Senf sowie einigen Tropfen Worcestersauce abschmecken.

Paprika-Dip

125 g Topfen • 125 ml Crème fraîche • 60 ml Joghurt • Senf • 1 KL Paprikapulver, scharf • 1 EL Kapern, fein gehackt • 1 KL rote Pfefferkörner, gemahlen • 1 EL Kresse • Salz • Pfeffer, frisch gemahlen

Topfen, Crème fraîche und Joghurt mit dem Mixer schaumig rühren. Paprikapulver, Kapern, Kresse und Pfefferkörner sowie Senf untermischen. Mit Salz und Pfeffer abschmecken.

Pikanter Dip

1 kleine Zwiebel • 2 Essiggurkerln • 1 EL Kapern • 1 Ei, hartgekocht • 125 ml Mayonnaise • 125 ml Sauerrahm • 1 KL Senf • 1 KL Petersilie, gehackt • Salz • Pfeffer, frisch gemahlen

Zwiebel schälen und fein hacken. Essiggurkerln kleinwürfelig schneiden. Kapern fein hacken. Ei schälen und grob hacken.

Mayonnaise, Sauerrahm und Senf verrühren. Zwiebel, Gurkerln, Kapern und Petersilie untermischen. Sauce mit Salz und Pfeffer abschmecken. Mit dem grobgehackten Ei bestreut anrichten.

Roquefort-Dip

125 ml Mayonnaise • 125 ml Joghurt • 100 g Roquefort, zerdrückt • 2 EL Walnüsse, fein gehackt

Mayonnaise und Joghurt cremig rühren, Roquefort und 2/3 der Walnüsse untermischen. Mit den restlichen Walnüssen bestreut servieren.

Sardellen-Dip

100 g Topfen • 1 Sardelle, fein geschnitten, oder Sardellenpaste • Salz • Pfeffer, frisch gemahlen • Senf • 1 Eidotter, hartgekocht • 1 Essiggurkerl • Schnittlauch • 1 Knoblauchzehe, zerdrückt

Topfen schaumig rühren und mit Sardellenpaste, Senf, dem zerdrückten Eidotter, der ausgepreßten Knoblauchzehe, dem feingehackten Essiggurkerl vermischen. Mit Salz und Pfeffer abschmecken und mit dem kleingeschnittenen Schnittlauch bestreut servieren.

Senf-Speck-Dip

150 ml Mayonnaise • 150 g Topfen • 75 ml Joghurt • 2 KL Senfkörner, zerdrückt • Salz • Pfeffer, frisch gemahlen • 1 Prise Zucker • 50 g durchwachsener Speck • 1/2 Päckchen Kresse

Mayonnaise, Topfen, Joghurt und zerdrückte Senfkörner verrühren. Mit Salz, Pfeffer und Zucker abschmecken. Speck in feine Streifen schneiden und bei kleiner Hitze anbraten. Anschließend mit der kleingeschnittenen Kresse über den Dip streuen.

CHUTNEYS & RELISHES

Chutneys & Relishes

Bei Chutneys und Relishes werden die Zutaten – Früchte, Gemüse, Zucker, Essig, Kräuter und Gewürze – konserviert und zugleich wird der Geschmack intensiviert.

Feste Früchte (Äpfel und Zwiebel) werden zuerst, getrennt von den schneller weich werdenden (Tomaten oder Kürbis), langsam zu einem dicken, marmeladeähnlichen Brei verkocht. Je nach Obstart dauert die Kochzeit 30–60 Minuten.

Für die Haltbarkeit sind in erster Linie Essig und Zucker (am besten Voll-, Braun-, Kandiszucker oder Honig) verantwortlich.

Ganze Gewürze, in ein Mullstoffsäckchen gegeben, zugebunden mit einem ungefärbten Baumwollfaden, erleichtern das Entfernen der Gewürze zu Kochende.

Gemahlene Gewürze erst kurz vor Kochende unterrühren, damit der Geschmack erhalten bleibt.

Damit sich der Geschmack der Zutaten voll entfalten kann, Chutneys und Relishes erst nach ca. 2 Wochen verwenden.

Füllen Sie die Chutneys und Relishes immer in kleine Gläser, da der Inhalt geöffneter Gläser, im Kühlschrank aufbewahrt, bald verbraucht werden sollte. Kleinen Gläsern ist auch deshalb der Vorzug zu geben, da man zu den Speisen immer mehrere Arten von Chutneys bzw. Relishes anbieten sollte.

Schon beim Abfüllen dieser pikanten Köstlichkeiten in die Gläser denke ich bereits daran, besondere Gläser für Gast-, Weihnachts- oder Geburtstagsgeschenke aufzuheben, da diese Geschenke in meinem Verwandtschafts- und Freundeskreis besonders beliebt sind, zumal ja ein Teil der Zutaten aus dem eigenen Garten stammt.

Welche Geräte benötigt man?

Zum Aufbewahren zuerst einmal jede Menge an **Gläsern**, wobei zur besseren Entnahme eine weite Öffnung günstig ist. Der Deckel sollte gut schließen (Schraubverschluß oder Rex-System) und entweder aus Glas bestehen oder innen beschichtet sein. Der in vielen

Rezepten verwendete Essig würde mit einem Metalldeckel chemisch reagieren und den Inhalt geschmacklich verderben lassen. Ich sammle alles an ansehnlichen Flaschen, Gläsern, Steinguttöpfen, Karaffen, Weckgläsern und Fäßchen, irgendwann wird eines immer dringend gebraucht. Übrigens, der Name „Weckgläser“ hat nichts mit morgendlichem Aufwecken zu tun, der Erfinder der Methode des Konservierens von Lebensmitteln in Gläsern mit Gummiringdichtung durch längere Einwirkung einer Hitze von 75–98 °C war Herr Weck. Bei uns stehen die Köstlichkeiten ohnehin nicht jahrelang im Keller umher (Geschmacksverlust!), ich bevorzuge deshalb die einfachen Schraubverschlußgläser. Daß die Gläser und Deckel sauberst gewaschen sein müssen, sollte selbstverständlich sein.
Bevor ich mit dem Einkochen beginne, wasche ich die Gläser gründlich aus und spüle sie nach. Dann stelle ich die nassen Gläser bei 100 °C in den vorgeheizten Backofen und lasse sie mindestens 15 Minuten im Ofen stehen, nehme sie dann heraus und fülle sie sofort, damit sich keine neuen Bakterien einnisten können.

Zwei große **Töpfe**, einen zum Zubereiten der Früchte, einen zum Sterilisieren der gefüllten Gläser. Der Topf zum Zubereiten sollte aus Edelstahl oder unbeschädigtem Email sein.

Einen **Mullstoff** für die Gewürzsäckchen, ungefärbten **Baumwollfaden** zum Zubinden.

Manche Gewürze, wie Wacholder, können in einem **Mörser** zerstoßen werden.

Zum Durchpressen von Knoblauch oder frisch geerntetem Ingwer verwende ich eine **Knoblauchpresse**.

Scharfe **Messer**.

Schüsseln zum Zwischenlagern.

Zum Passieren ist die gute alte **„Flotte Lotte“** immer noch gut zu gebrauchen. Falls vorhanden, kann natürlich auch ein Mixer mit

Aufsatz verwendet werden. Auch leistet mir mein **Pürierstab** am Mixer oft gute Dienste.

Zum Einfüllen in die Gläser verwende ich lieber einen kleinen **Schöpfer** sowie einen **Einfülltrichter**. Außerdem bleibt am Schöpflöffel dann genug vom Zubereiten kleben, um unbeteiligte Beobachter des Kochvorganges noch schnell naschen zu lassen.

Tip: Nach dem Befüllen der Gläser mit der kochend heißen Masse empfiehlt es sich, die gut verschlossenen Gläser für kurze Zeit auf den Deckel zu stellen, um eventuell doch noch anhaftende Keime abzutöten.

Nützlich ist auch ein **Glasteller**, auf dem eine **Gelierprobe** schnell abkühlen kann (oder zum Zwischendurch-Kosten).

Ich organisiere meine Arbeitsfläche immer zuerst wie einen Operationssaal, mit allen Geräten ordentlich aufgereiht, damit ich nicht mitten beim Zubereiten hektisch Arbeitsutensilien suchen muß; ich gebe aber zu, daß sich diese Ordnung mitunter sehr schnell auflöst. Trotzdem, sich zuerst die richtigen Geräte zusammenzusuchen, erleichtert die Konzentration auf das Wesentliche doch sehr.

Und dann braucht man noch **Zeit**, denn bei einigen Rezepten muß man einfach daneben stehen und rühren, rühren, rühren... Angebranntes Chutney riecht furchtbar.

Alles, was man dann noch dringend braucht, sind viele Schüsselchen, Schälchen und Löffelchen zum Auftragen.

CHUTNEYS

CHUTNEYS

Chutneys stammen ursprünglich aus Indien und heißen dort „chanti“, was eigentlich nur „scharf“ bedeutet. Heute wird es aber längst gleichgesetzt mit den apart abgestimmten Mischungen aus Gemüse, Obst und Gewürzen, speziell Ingwer. Wir verdanken den Einzug dieser Köstlichkeiten den Briten, die ihren Wohlgeschmack in den Kolonien kennenlernten und sie importierten. Für diese süß-sauren Würzmarmeladen kann man eine Fülle von Obst und Gemüse verwenden; auch Mango, Sauerkirschen oder Karotten, wichtig ist die Abstimmung von Süß, Sauer und Scharf. Weitere Ingredenzien sind Zucker, Essig und Gewürze, wie Ingwer, Zimt, Gewürznelken, Pfeffer, Chili oder Curry. Chutneys werden ähnlich wie eine Konfitüre dick eingekocht.
Zu Fisch-, Geflügel- und Fleischgerichten, wie z.B. Braten, Fondue, Steinplattengrill oder Gegrilltem, sowie zu Pasteten oder Reis- und Nudelgerichten gereicht, vollenden diese pikanten würzigen Saucen jede Mahlzeit.

CHUTNEYS

Apfel-Chili-Chutney, feurig

500 g säuerliche Äpfel • 150 g rote Zwiebel • 1 EL Öl • 2 Chilischoten oder 2 KL Chilisauce • 150 ml Rotweinessig • 180 g Braunzucker • 1/2 KL Salz • 1/2 KL Pfefferkörner • 1/2 KL Senfkörner • 1 Lorbeerblatt • 1/2 KL Thymian • 1/2 KL Ingwer, frisch gerieben • 1 Msp. Cayennepfeffer • 1 KL Paprikapulver, scharf • einige Tropfen Tabascosauce

Die feingehackten Zwiebeln in Öl anschwitzen und ein Drittel der Zuckermenge darin karamelisieren lassen, mit Essig ablöschen und die geschälten, entkernten und in sehr kleine Stücke geschnittenen Äpfel beigeben. Die Chilischoten ebenfalls kleinschneiden und mit den restlichen Zutaten einrühren (außer Cayennepfeffer, Paprikapulver und Tabascosauce), das Ganze bei schwacher Hitze unter ständigem Rühren ca. 30 Minuten einkochen lassen. Falls erforderlich, etwas Wasser beigeben. Kurz vor Beendigung des Kochvorganges Cayennepfeffer, Paprikapulver und Tabascosauce unterrühren. Chutney heiß in vorbereitete kleine Gläser füllen und fest verschließen.
Zu Seefisch oder gegrilltem Fleisch reichen.

Apfel-Zwiebel-Chutney

125 g rote Zwiebel • 250 g Äpfel • 50 g Rosinen • 60 g Braunzucker • 60 ml Weinessig • 1 KL Chilisauce • 1/2 KL Cayennepfeffer • 1/2 KL Salz • 1/2 KL gemahlener Ingwer (besser frischer, geriebener Ingwer) • 1 KL Paprikapulver, scharf

Feingehackte Zwiebel, geschälte, entkernte und in sehr kleine Stücke geschnittene Äpfel, Braunzucker und Weinessig in einen weiten Topf geben, mit etwas Wasser halbweich kochen. Die kleingeschnittenen Rosinen dazugeben und so lange weiterköcheln lassen, bis die Fruchtstücke zerfallen. Nun kocht man unter Rühren weiter, bis fast die ganze Flüssigkeit verdampft ist. Das kann bis zu

einer Stunde dauern. Kurz vor Beendigung der Kochzeit würzen und abschmecken. Das heiße Mus in vorbereitete heiße Gläser füllen, fest verschließen.
Schmeckt besonders gut zu Pasteten.

Auberginen-Paprika-Chutney

250 g Auberginen • 250 g rote Paprika • 250 g säuerliche Äpfel • 2 EL Öl • 250 g Zwiebeln • 250 ml Apfelessig • 1 KL Salz • 75 g Vollzucker • 2 Pfefferoni, getrocknet • 1 KL Chilisauce • 1 KL Pfefferkörner • 1 KL Senfkörner • 1 KL Paprikapulver, scharf

Öl erhitzen und feingehackte Zwiebeln darin glasig anlaufen lassen, anschließend den Zucker darin karamelisieren. Mit Essig ablöschen. Kleingeschnittene Paprika und Auberginen sowie geschälte, entkernte und in kleine Stücke geschnittene Äpfel mit den Gewürzen dazugeben und unter ständigem Rühren zu einem dicklichen Brei einkochen. Sofort in heiße Gläser füllen und verschließen.

Hagebutten-Chutney

250 g Hagebutten (geputzt und entkernt) • 125 g säuerliche Äpfel • 125 g Zwiebeln • 125 ml Apfel- oder Rotweinessig • 125 g Kandiszucker • 1 KL Salz • 1/2 KL Pfeffer, frisch gemahlen • 1/2 KL Ingwerpulver (frisch gerieben) • 1 KL Senfkörner • 1 KL Curry

Die geschälten, entkernten und kleingeschnittenen Äpfel, die feingehackten Zwiebeln und die geputzten, entkernten und kleingeschnittenen Hagebutten mit den anderen Zutaten in einem Topf unter ständigem Rühren zum Kochen bringen und bei schwacher Hitze langsam zu einem dicklichen Brei einkochen lassen. Noch heiß in Gläser füllen und verschließen.
Sehr gute Beilage zu Wildspeisen.

CHUTNEYS

Holunderbeeren-Chutney

500 g Holunderbeeren • 75 g Zwiebeln • 40 g Vollzucker • 1 EL Honig • 1/2 KL Salz • 1/2 KL Senfkörner • 3 Neugewürzkörner • 3 Gewürznelken • 1/2 KL Ingwerpulver, frisch gerieben • 250 ml Rotweinessig • 1/2 KL Thymian, gerebelt • 1/2 KL Bohnenkraut, gerebelt • 1 Msp. Cayennepfeffer • 1 KL Chilisauce • 1 KL Paprikapulver, scharf

Die feingehackten Zwiebeln sowie die mit einer Gabel zerdrückten Holunderbeeren zusammen mit den übrigen Zutaten (außer Thymian und Bohnenkraut) in einen breiten Topf geben und bei schwacher Hitze unter ständigem Rühren einkochen lassen, bis die Masse eine marmeladenähnliche Konsistenz hat. Zum Schluß Thymian und Bohnenkraut unterrühren. Noch heiß in vorgewärmte Gläser füllen und sofort verschließen.

Kürbis-Apfel-Chutney

250 g Kürbis • 250 g Äpfel • 60 g Zwiebel • 1 EL Öl • 50 g Honig • 1 Prise Salz • 125 ml Weißweinessig • 50 g Rosinen • 1 KL Pfefferkörner, grün • 1 KL Ingwer, frisch gerieben • Saft 1/2 Zitrone • 1 Stange Zimt • 1/2 KL Koriander • 1/2 KL Nelkenpulver • 1 KL Senfkörner • 1 Chilischote, getrocknet, zerrieben • etwas Tabascosauce

Kleingehackte Zwiebel in Öl goldgelb anbraten, mit dem Essig ablöschen. Kleingeschnittene Kürbis- und Apfelstücke (geschält und entkernt) sowie Zitronensaft, Honig, Zimtstange und Salz dazugeben. Unter ständigem Rühren bei schwacher Hitze kochen, bis ein dicker Brei entsteht. Zum Schluß die restlichen Gewürze dazurühren. Noch heiß in Gläser füllen und sofort verschließen.

CHUTNEYS

Kürbis-Apfel-Chutney

Die Zutaten vorbereiten…

… und in einem Kochtopf

…bis zur richtigen Konsistenz fertigkochen

Kürbis-Chutney

500 g Kürbiswürfel • 125 ml Weinessig • 100 g Zucker • 1 KL Salz • 1 EL Senfkörner • 4 Knoblauchzehen, fein gehackt • 1 EL grüne Pfefferkörner • 1 KL Chilisauce • Saft einer Zitrone • 2 KL Pfefferminze, klein gehackt

Kürbiswürfel, Zucker, Weinessig, Salz, Senf- und Pfefferkörner, Knoblauchzehen und Zitronensaft in einen weiten Topf geben, bei schwacher Hitze und unter ständigem Umrühren zum Kochen bringen, bis ein dicker Brei entsteht. Zum Schluß Pfefferminze unterrühren. Noch heiß in Gläser füllen und sofort verschließen. Kürbis-Chutney paßt gut zu Lammbraten!

Mango-Chutney I

250 g Mango • 125 g Äpfel • 3 EL Weißweinessig • 1 EL Maraschino • 125 ml Wasser • 1 Prise Gewürznelken • 1 KL Chilisauce • 1 Prise Muskatnuß • 50 g Rosinen • 200 g Vollzucker

Mango schälen und das Fruchtfleisch in kleine Würfel schneiden. Äpfel schälen, Kerngehäuse entfernen und ebenfalls in kleine Würfel schneiden (wobei die Apfelstücke kleiner sein sollten). Mango- und Apfelstücke mit Wasser, 2/3 des Zuckers, Gewürzen und Rosinen zu Mus kochen. Den Essig mit dem restlichen Zucker unterrühren. Zum Schluß Maraschino dazugeben. Das heiße Fruchtmus in ebenso heiße Gläser füllen und gut verschließen.

Mango-Chutney II

ca. 1000 g Mango • 100 g Rosinen • 100 g Zwiebel, fein geschnitten • 250 ml Weinessig • 200 g Rohzucker • 2 Knoblauchzehen • 2 Pfefferoni • 3 EL Salz • 1 EL Senfpulver • 1 KL Koriander, gemahlen • 100 g Ingwerwurzel, frisch gerieben • etwas Tabascosauce

CHUTNEYS

Mango-Chutney I

Mango, Äpfel und andere Zutaten …

… so lange kochen, bis die Masse …

… fertig zum Abfüllen in Gläser ist.

CHUTNEYS

Mangos schälen, kleinwürfelig schneiden und zusammen mit Zwiebel, Rosinen, Essig und Zucker 5 Minuten kochen lassen, dann die Gewürze, die zerdrückten Knoblauchzehen, die gehackten Pfefferoni und die geschälte, geriebene Ingerwurzel beigeben. So lange unter Rühren kochen lassen, bis eine eher feste Konstistenz erreicht ist. Noch heiß in kleine Gläser füllen und sofort verschließen.

Marillen-Chutney

500 g Marillen • 125 g Äpfel • 125 g Schalottenzwiebeln • 1 Knoblauchzehe • 50 ml Weißwein • 125 ml Weißweinessig • 200 g Vollzucker • 1 KL Ingwer, fein gerieben • 50 g grobgehackte Walnüsse • 1/2 KL Currypulver • 1/2 KL Cayennepfeffer • 1 Prise Muskatnuß • 2 Gewürznelken • 1 Zimtstange • 1/2 KL Salz

Die gewaschenen, entkernten und in kleine Stücke geschnittenen Marillen, die geschälten, entkernten und in kleine Stücke geschnittenen Äpfel sowie die feingehackten Zwiebeln werden mit der zerdrückten Knoblauchzehe, Salz, Weißwein und -essig und dem Vollzucker in einem Topf unter ständigem Rühren zum Kochen gebracht. In einem Leinensäckchen Gewürznelken und Zimtstange dazugeben und die Fruchtmasse bei schwacher Hitze langsam dicklich einkochen lassen. Vom Herd nehmen, die grobgehackten Walnüsse sowie Curry, Cayennepfeffer, Ingwer und Muskatnuß untermischen und nochmals kurz aufkochen lassen. In vorbereitete Gläser füllen und sofort verschließen.
Delikate Beilage zu Geflügelgerichten und feinen Pasteten.

Marillen-Zwiebel-Chutney

100 g getrocknete Marillen • 400 g Zwiebeln • 100 ml Weißweinessig • 1 EL Senfkörner • 1 KL Chilisauce • 1/2 KL Kardamom • 1 KL Salz • 50 g brauner Zucker • Petersilie

Feingehackte Zwiebel und kleingeschnittene gedörrte Marillen mit Essig und den Gewürzen in einen Topf geben, aufkochen lassen

und 30–40 Minuten im offenen Topf unter ständigem Rühren einkochen lassen. Falls erforderlich, etwas Wasser untermischen. Petersilie waschen, trockentupfen, fein hacken und unterrühren. Noch heiß in kleine Gläser füllen, fest verschließen.
Ideale Beilage zu gebratenem oder gegrilltem Geflügel oder Pasteten.

Paprika-Tomaten-Chutney

1 roter Paprika • 250 g Tomaten • 125 g Zwiebel • 65 ml Rotweinessig • 100 g Kandiszucker, braun • 1/2 KL Salz • 1/2 KL grüne Pfefferkörner • 1/2 KL Englischer Senf • 1 Msp. Nelkenpulver • 1 KL Chilisauce • 1 Msp. Paprikapulver, scharf

Paprika vierteln, Stiele, Kerne und weiße Häute entfernen. Waschen, abtrocknen und in 1/2 cm große Würfel schneiden. Tomaten überbrühen, mit Eiswasser abschrecken, Haut abziehen. Die Früchte grob zerschneiden. Zwiebeln würfelig schneiden. Zwiebel-, Paprika- und Tomatenwürfel in einen flachen Topf geben. Den Essig beifügen und unter Rühren bei milder Hitze kochen, bis nur noch wenig Flüssigkeit zu sehen ist. Dann den Zucker und die Gewürze beigeben und bei starker Hitze noch ca. 10 Minuten kochen lassen. Immer umrühren, bis sich der Zucker aufgelöst hat. Das heiße Chutney in vorbereitete Gläser füllen und sofort verschließen.

Pfirsich-Schalotten-Chutney

500 g Pfirsiche • 250 g Schalotten • 25 g frische Ingwerwurzel, fein gemahlen • 1 KL Cayennepfeffer • 100 g Rosinen • 100 g Vollzucker • 65 ml Obstessig • 1/2 KL Zimt • 1/2 KL Senfpulver • 1/2 KL Curry • 1/2 EL Salz • 1/2 Zitrone, ungespritzt

Die Schalotten in feine Streifen schneiden und zusammen mit den Gewürzen und etwas Wasser auf kleiner Flamme ca. 30 Minuten kochen lassen. Zitronenschale mit einem Kartoffelschäler fein

CHUTNEYS

schälen und in dünne Streifen schneiden. Die Pfirsiche kurz in heißes Wasser geben, abschrecken, schälen, entkernen und mit der Zitronenschale zu den vorgekochten Schalotten geben, den Essig beifügen und alles so lange kochen lassen, bis die Flüssigkeit weitgehend verdampft ist. Zum Schluß den Saft der Zitrone unterrühren. Das heiße Chutney in heiße Gläser füllen und gut verschließen. (Da es leider oft völlig geschmacklose Pfirsiche am Markt gibt, wären aromatische Nektarinen auch eine Möglichkeit).

Quitten-Chutney

500 g Quitten, ungeschält • 200 g Äpfel oder Birnen • 80 g Dörrzwetschken • 150 g Zwiebeln, fein geschnitten • 2 EL Öl • Saft und Schale einer unbehandelten halben Zitrone • 200 g Kandiszucker • 65 ml Weißwein • 125 ml Apfelessig • 1/2 KL Salz • 1/2 Zimtstange • 3 Gewürznelken • 1/2 KL Ingwerpulver (frisch gerieben) • 1/2 KL Currypulver • 1 KL Chilisauce • 1 Prise frisch gemahlene Muskatnuß • etwas frisch gemahlener Pfeffer

Die feingeschnittenen Zwiebeln im Öl goldgelb anlaufen lassen und mit den einige Stunden im Weißwein eingeweichten Dörrzwetschken, die anschließend fein gehackt wurden (Einweichflüssigkeit aufheben und später zur Chutneymasse geben), und den geschälten, vom Kerngehäuse befreiten und kleinwürfelig geschnittenen Quitten sowie Äpfeln oder Birnen samt den übrigen Zutaten in einem Topf zum Kochen bringen und bei schwacher Hitze unter ständigem Rühren einkochen lassen. Wenn das Chutney eine dickliche Konsistenz aufweist, in Gläser füllen und sofort verschließen.

Rhabarber-Chutney

400 g Rhabarber • 200 g Äpfel • 200 g Kandiszucker • 125 ml Rotweinessig • 125 ml Wasser • Saft und abgeriebene Schale einer unbehandelten halben Orange • 1/2 KL Ingwerpulver (frisch gerieben) • 50 g Dörrzwetschken • 50 g Rosinen • 1 KL Chilisauce • 1 KL Senfkörner • etwas Neugewürz • etwas Cayennepfeffer

Apfel-Chili-, Rhabarber- und Kürbis-Chutney

Den geputzten und in kleine Würfel geschnittenen Rhabarber und die geschälten, entkernten und ebenfalls kleinwürfelig geschnittenen Äpfel mit Zucker und Wasser in einem Topf zum Kochen bringen. Nach 30 Minuten Kochzeit Essig, Rosinen, Orangensaft und -schale, kleingeschnittene Dörrzwetschken, Ingwer, Senfkörner und Neugewürz beimischen. Weitere 30 Minuten einkochen lassen, dabei bei Bedarf noch etwas Wasser dazugeben. Vor Beendigung des Kochvorganges mit Chilisauce und Cayennepfeffer abschmecken. Sofort heiß in Gläser füllen und gut verschließen.

Ribisel-Chutney „Cumberland“

500 g Ribiseln, rot • 100 g Preiselbeeren • Saft von 1 Zitrone • Saft von 2 Orangen • Schale einer ungespritzten Orange • 2 Stück Würfelzucker • 125 ml Rotwein • 65 ml Rotweinessig • 200 g Rohzucker • 1 Stange Zimt • 3 Gewürznelken • 1/2 KL Senfpulver • 1/2 KL franz. Senf • 1 Msp. Ingwer, klein geschnitten • 1 Msp. Paprikapulver, edelsüß • 1 Msp. Cayennepfeffer • 1 KL getrocknete Kräuter (Rosmarin, Thymian, Lorbeer) • 1 KL Salz • 10 ml Orangenlikör

Die ungespritze Orange mit dem Würfelzucker gut abreiben, dann dünn schälen (am besten mit dem Kartoffelschäler) und in feine

Streifen schneiden und zusammen mit den gewaschenen und abgetropften Ribiseln, den Preiselbeeren, dem Rotwein, Orangen- und Zitronensaft, Würfelzucker, Zucker, Zimt und Nelken aufkochen, vom Herd nehmen und abkühlen lassen. Die Früchte beigeben und über Nacht ziehen lassen. Am nächsten Tag passieren und mit Essig, Kräutern und Salz bei schwacher Hitze dicklich einkochen lassen. Vom Herd nehmen und mit den übrigen Gewürzen abschmecken. Vor dem Abfüllen Orangenlikör untermengen, anschließend in die vorbereiteten Gläser füllen und sofort verschließen.

Stachelbeer-Chutney

300 g Stachelbeeren • 80 g Äpfel • 80 g Zwiebeln • 100 ml Kräuteressig • 100 g Rohzucker • 1/2 KL Salz • 1 Knoblauchzehe • 1 KL Chilisauce • 1/2 KL Ingwerpulver, frisch gerieben • 1/2 KL Curry • 1 Prise Nelkenpulver • 1 Msp. Koriander, gemahlen • 1 KL Estragonsenf • 1 KL Dill, gehackt • 1 KL Estragon, gehackt • 1 KL Honig

Die gewaschenen, entstielten und vom Blütenansatz befreiten Stachelbeeren sowie die geschälten, vom Kerngehäuse befreiten, kleinwürfelig geschnittenen Äpfel und fein gehackten Zwiebeln sowie Knoblauch, Chilisauce, Essig, Zucker, Salz und die Gewürze in einem breiten Topf zum Kochen bringen und langsam dicklich einkochen lassen. Vom Herd nehmen und die frischen Kräuter samt dem Honig untermischen. Wie die übrigen Chutneys heiß in kleine Gläser füllen und sofort verschließen.

Stachelbeer-Pflaumen-Chutney

250 g Pflaumen • 250 g Stachelbeeren • 50 g Rosinen • 125 g Braunzucker • 80 ml Rotweinessig • 1/2 KL Salz • 1 Knoblauchzehe • 1 KL Chilisauce • 1/2 KL Ingwerpulver, frisch gerieben • 1/2 EL Estragonsenf • 1 Prise Nelkenpulver • 1 Msp. Koriander, gemahlen • 1/2 KL Curry • 1 KL Estragon, fein gehackt • 1 KL Dill, fein gehackt • 1 EL Honig

Feingehackten Zwiebel, gewaschene, entstielte und vom Blütenansatz befreite Stachelbeeren, kleingeschnittene Rosinen, Gewürze, Zucker, Chilisauce und Essig in einem weiten Topf langsam und unter ständigem Rühren zum Kochen bringen. Ca. 45 Min. kochen, bis ein dicker Brei entstanden ist, in den zum Schluß noch die gehackten Kräuter sowie der Honig eingerührt wird. Heiß in kleine Gläser füllen, verschließen.

Tomaten-Chutney

500 g Tomaten • 125 g Zwiebeln • 125 g Äpfel • 1/2 Paprikaschote, rot • 1/2 Pfefferoni, rot • 50 g Rosinen • 100 g Rohzucker • 70 ml Weißweinessig • 1 EL Salz • Pfeffer, frisch gemahlen • 50 g Ingwerwurzel, frisch gerieben

Von den gewaschenen Tomaten den Stielansatz ausschneiden, kurz blanchieren und die Haut abziehen. Fruchtfleisch in grobe Würfel schneiden. Die geschälten, vom Kerngehäuse befreiten Äpfel ebenfalls würfelig schneiden und zusammen mit den Tomatenwürfeln, den feingeschnittenen Zwiebeln, dem Paprika und dem Pfefferoni in einem großen Topf unter Rühren ca. 20 Minuten kochen lassen. Rosinen, Zucker, Essig und Gewürze beigeben, kochen lassen, bis eine dickliche Konsistenz entsteht. Wie die übrigen Chutneys abfüllen und sofort verschließen.

Tomaten-Paprika-Chutney

400 g aromatische Tomaten • 2 rote Paprikaschoten • 200 g Zwiebeln • 125 ml Rotwein • 125 ml Essig • 150 g brauner Zucker • 1 KL grober Pfeffer • 1 KL Paprikapulver, scharf • 1 KL Chilisauce • 1/2 KL zerstoßene Nelken

Tomaten waschen, den Stielansatz ausschneiden, Gemüse anschließend kurz in heißem Wasser blanchieren und abschälen. Die Paprikaschoten inzwischen im heißen Backrohr erhitzen, bis sich die Haut leicht lösen läßt, dann abschälen. Beide Gemüse in Wür-

CHUTNEYS

fel schneiden. Die ebenfalls gewürfelten Zwiebeln mit Wasser vorkochen, die Tomaten- und Paprikawürfel hinzufügen und mit dem Zucker und den Gewürzen kochen. Den Rotwein und den Essig nach ca. 10 Minuten dazugeben und ca. 20 Minuten unter ständigem Rühren weiterkochen lassen, bis die richtige Konsistenz erreicht ist. Heiß abfüllen und die Gläser sofort verschließen.

Tomaten-Zucchini-Chutney

300 g aromatische Tomaten • 150 g Zucchini • 100 g Zwiebeln • 1 Knoblauchzehe • 1 Pfefferoni • 1 KL Petersilie • 1 KL Basilikum • 1 KL Oregano • 1 KL Liebstöckel • 150 g Vollzucker • 3 Gewürznelken • 1/2 Stange Zimt • 1 KL Salz • 100 ml Apfelessig • 1 EL Senfkörner

Tomaten waschen, den Stielansatz herausschneiden, kurz überbrühen, enthäuten und in kleine Würfel schneiden. Zucchini in kleine Würfel schneiden. Zwiebeln, Knoblauch und Pfefferoni fein hacken. Essig mit Zucker, Salz, Zimt und Gewürznelken zum Kochen bringen. Senfkörner in einer Pfanne kurz trocken rösten, damit das Aroma verstärkt wird, und ebenfalls zum Sud geben. Tomaten, Zucchini, Zwiebeln, Knoblauch und Pfefferoni zum Sud geben und ca. 25-30 Minuten kochen lassen. Zum Schluß die gehackten Kräuter beigeben, nochmals kurz aufkochen lassen, anschließend in heiße Gläser abfüllen und gut verschließen.

Weichsel-Chutney

250 g Weichseln • 1 Orange • 100 g rote Zwiebeln • 1 EL Rosmarinnadeln, fein gehackt • 2 rote Chilischoten à 10 g • 15 g frische Ingwerwurzel, gerieben • 1 KL eingelegte grüne Pfefferkörner • 80 ml Rotweinessig • 100 g Zucker

Die Chilischoten aufschneiden, entkernen und fein würfeln (bloß nicht in die Augen greifen – brennt höllisch). Abgetropfte Pfefferkörner hacken. Die gewürfelten Zwiebeln zuerst in etwas Wasser dünsten. Den Rotweinessig mit dem Zucker und etwas Wasser ein-

mal aufkochen lassen. Die restlichen Zutaten dazugeben und im offenen Topf bei mittlerer Hitze unter ständigem Umrühren 40-45 Minuten dicklich einkochen lassen. Bei diesem Vorgang sollte man dabei bleiben und immer wieder umrühren. Sofort in Gläser füllen, verschließen.
(Weichseln enthalten mehr Fruchtsäure als Süßkirschen bei gleichem Zuckergehalt und entfalten ihr Aroma voll beim Kochen).

Zwetschken-Chutney

300 g Zwetschken • 100 g rote Zwiebeln • 50 g Rosinen • 2 Knoblauchzehen • 1 Pfefferoni • 150 ml Rotweinessig • 100 g Braunzucker • Saft und abgeriebene Schale einer ungespritzten halben Zitrone • 1 TL Salz • 2 Gewürznelken •

Das Zwetschken-Chutney muß bei schwacher Hitze …

… länger eingekocht werden

1/2 Zimtstange • 1/2 KL Neugewürzkörner • 1/2 KL Thymian • 1/2 KL Bohnenkraut • 1/2 KL Rosmarin • 1 KL Chilisauce • 1/2 KL Paprikapulver, scharf • 1 EL Honig

Die entkernten Zwetschken und die Rosinen kleinwürfelig schneiden und zusammen mit den feingehackten Zwiebeln und Knoblauchzehen sowie den anderen Zutaten (außer Honig) in einem breiten Topf zum Kochen bringen und bei schwacher Hitze einkochen lassen, bis die Masse dicklich ist. Vom Herd nehmen, den Honig unterrühren und noch heiß in vorbereitete Gläser füllen. Sofort verschließen.

Zwiebel-Chutney

300 g Zwiebeln • 3 EL Öl • 100 ml Apfelessig • 1 roter Pfefferoni • 1 grüner Pfefferoni • 1 gelber Paprika • 30 g Braunzucker • 1 KL Salz • 100 ml Wasser • 1 KL Currypulver • 1/2 KL Paprikapulver, scharf

Die würfelig geschnittenen Zwiebeln in Öl unter ständigem Rühren goldgelb anbraten und zusammen mit den fein ringelig geschnittenen Pfefferoni, dem würfelig geschnittenen Paprika, Zucker, Salz und Wasser unter ständigem Rühren dicklich einkochen lassen. Bei Bedarf weiteres Wasser nachgießen. Kurz vor Ende der Kochzeit Essig, Paprika- und Currypulver unterrühren. Das Chutney sofort in heiße Gläser füllen und verschließen.

Relishes

Diese Würzspezialität nahm von Amerika ihren Ausgang. „To relish something" heißt, etwas genießen, sich daran erfreuen, Geschmack finden an … Relishes haben meist Gemüse als Grundlage. Man kann aus vielen Gemüsesorten Relishes herstellen, z.B. aus grünen und roten Tomaten, Paprika, Kürbissen, Zwiebeln. Immer sind aber die Gewürze das wichtigste: Knoblauch, Lorbeer, Cayennepfeffer, Chili, Kümmel, Kren, Koriander, Pfeffer- und Senfkörner, Salz, Muskatblüten, Zimt, Nelken und Ingwer, Zucker. Und Essig.
Relishes sind im Gegensatz zu Chutneys flüssiger und werden auch oft zur Geschmacksverfeinerung von Saucen verwendet.
Diese pikant-würzigen Beilagen schmecken vorzüglich zu Fisch-, Geflügel- und Fleischgerichten. Ich verwende sie auch sehr gerne zu Reis- und Nudelgerichten, Salaten und Pasteten.

RELISHES

RELISHES

Ajvar

500 g grüne und rote Paprikaschoten • 500 g Auberginen • 500 g Zwiebeln • 2 Pfefferoni • 10 Knoblauchzehen • 1/8 l Öl • 1/16 l Weinessig • 1 EL Salz • Pfeffer, frisch gemahlen

Paprika und Auberginen mit etwas Öl im Backrohr 20 Minuten braten, danach die Häutchen abziehen und die Kerne entfernen. Paprika- und Auberginenfleisch fein schneiden (oder faschieren). Die Zwiebeln fein schneiden, in Öl anrösten, das Mus beigeben. Gehackte Pfefferoni, zerdrückten Knoblauch, Salz, Pfeffer und Essig einrühren und alles zusammen ca. 20 Minuten unter Umrühren dick einkochen. Nochmals abschmecken, sofort in Gläser füllen und gut verschließen.

Grüne-Tomaten-Relish

500 g grüne Tomaten • 150 g Zwiebeln • 2 Knoblauchzehen • 1 EL Olivenöl • 1 roter Pfefferoni • 1 EL Petersilie • 1 EL Basilikum • 1 KL Thymian, gerebelt • 1 KL Liebstöckel • 1 KL Selleriegrün • 1 KL Borretschblätter • 1 Lorbeerblatt • 1 KL Neugewürzkörner • 200 ml Weinessig • 50 g Braunzucker • 1 KL Salz

Zutaten für das Grüne-Tomaten-Relish

Die Tomaten halbieren, die Stengelansätze herausschneiden und grob hacken. Feingehackte Zwiebeln in Öl glasig dünsten. Knoblauch, Tomaten und die in feine Streifen geschnitten Pfefferoni beigeben und unter Rühren ca. 10 Minuten dünsten lassen. Mit Essig ablöschen, gehackte Kräuter, zerriebene Lorbeerblätter, Zucker, Salz und Neugewürzkörner beigeben. Die Masse bei schwacher Hitze noch 20–30 Minuten köcheln lassen, bis die Tomaten musige Konsistenz aufweisen. In heiße Gläser füllen und sofort verschließen.

Gurken-Paprika-Relish

200 g Salatgurke • 1 Zwiebel • 200 g rote Paprikaschoten • 200 g gelbe Paprikaschoten • 2 Knoblauchzehen, zerdrückt • 1/2 KL Salz • Pfeffer, frisch gemahlen • 1 KL Curry • 100 g Zucker • 50 ml Weinessig • 2 EL Dill, fein gehackt

Paprikaschoten kurz in das heiße Backrohr geben, anschließend enthäuten und klein schneiden, zusammen mit der geschälten und in kleine Stücke geschnittenen Gurke sowie der feingehackten Zwiebel und den anderen Zutaten in einen weiten Topf geben, unter ständigem Rühren zum Kochen bringen und ca. 30 Minuten kochen lassen. Heiß in Gläser füllen und sofort verschließen.

Gurken-Relish

300 g Gurken • 1 EL Öl • 100 g rote Zwiebeln • 70 g säuerliche Äpfel • 2 Knoblauchzehen, zerdrückt • 1 Msp. Salz • 1 KL rote Pfefferkörner, grob geschrotet • 70 g Rohzucker • 80 ml Apfelessig • einige Spritzer Weißwein oder trockenen Sherry • 1 EL geriebener Kren • 1 EL Basilikum • 1 EL Dill • einige Spritzer Worcestersauce

Die Gurken entkernen und in kleine Würfel schneiden, mit Salz bestreuen und über Nacht ziehen lassen. Öl erhitzen und die feingehackten Zwiebeln glasig anlaufen lassen. Kleinwürfelig geschnittene Äpfel, Gurken, zerdrückten Knoblauch, Zucker und Weißwein beifügen. Unter ständigem Rühren köcheln lassen, nach ca. 10 Minuten den Essig beigeben und bis zur richtigen Konsistenz auf kleiner Flamme kochen. Vor Beendigung der Kochzeit den Kren und die gehackten Kräuter unterrühren und mit etwas Worcestersauce abschmecken. Noch heiß in Gläser füllen und sofort verschließen.

Mais-Paprika-Relish

1 Dose Maiskörner à 500 g • 1 roter Paprika • 1 grüner Paprika • 2 große Zwiebeln • 300 g Braunzucker • 1 KL Salz • 1 KL Senfpulver • 1 KL Curry • 300 ml Apfelessig

Die feingehackten Zwiebeln sowie die in kleine Würfel geschnittenen Paprika mit den anderen Zutaten außer Curry in einem Topf

Mais-Paprika-Relish

Alle Zutaten

müssen noch 30 Minuten gekocht werden

unter ständigem Rühren zum Kochen bringen und ca. 30 Minuten schwach köcheln lassen. Kurz vor Ende der Kochzeit Curry einmengen. Das fertige Relish noch heiß in Gläser füllen und sofort verschließen.

Paprika-Relish

750 g grüne und rote Paprika • 250 g Zwiebeln • 9 EL Kräuteressig • 4 EL Wasser • 125 g Kandiszucker, braun • 1 KL Salz • 1 KL Paprika • Pfeffer, frisch gemahlen

Essig, Wasser, Zucker und Gewürze aufkochen, die gewaschenen, entkernten und in feine Streifen geschnittenen Paprika und die in Ringe geschnittenen Zwiebeln dazugeben. So lange kochen lassen, bis eine dickliche Masse entsteht. Noch heiß in Gläser füllen, gut verschließen.

Tomatenketchup

1200 g fleischige Tomaten • 200 g Zwiebeln, fein gehackt • 1 Knoblauchzehe, fein gehackt • 80 ml Rotweinessig • 2 EL Braunzucker • 1/2 KL Salz • 1 Lorbeerblatt • 1/2 KL Paprikapulver, edelsüß • 1 Msp. Muskat, gerieben • 1 KL Thymian • 1 KL Basilikum • 1 KL Petersilie, fein gehackt • 1 KL Liebstöckel • 1/2 KL Pfefferkörner, grob geschrotet • 2 Gewürznelken • 1/2 KL Koriander • event. einige Tropfen Tabascosauce • 1 Msp. Cayennepfeffer

Die gewaschenen und vom Stengelansatz befreiten Tomaten in Stücke schneiden und zusammen mit den übrigen Zutaten in einem großen Topf unter ständigem Rühren ca. 1 Stunde kochen lassen. Anschließend passieren und nochmals einkochen lassen, bis eine dickflüssige Sauce entsteht. Noch heiß in kleine Flaschen füllen und sofort verschließen. Nach dem Öffnen der Flaschen Inhalt so rasch wie möglich verbrauchen.

Zucchini-Melonen-Relish

300 g Honigmelone • 300 g Zucchini • 50 g Zucker • 50 ml Weinessig • 50 g Mandelstifte • 1 KL Salz • 1 EL rote Pfefferkörner, grob geschrotet • 1 EL Petersilie, fein gehackt • 1 KL Senfpulver

Die in kleine Würfel geschnittene Melone und Zucchini zusammen mit den übrigen Zutaten in einen weiten Topf geben und unter ständigem Rühren zum Kochen bringen, ca. 30 Minuten kochen, bis ein dicker Brei entsteht. Heiß in Gläser füllen, verschließen.

SALAT-DRESSINGS

SALATDRESSINGS

Das Geheimnis eines guten Salatdressings liegt in der Verarbeitung von ausschließlich erstklassigem Grundmaterial (gutem Essig und wohlschmeckendem Öl). Mein Schwager meinte immer, daß für ein Salatdressing vier Personen gebraucht werden: ein Geizhals für den Essig, ein Weiser für das Salz, ein Verschwender für das Öl und ein Irrer, um alles zu vermischen.
Wenn man, so wie ich, Salate über alles liebt, ist es wichtig daß das Salat-Dressing nicht zu sauer, aber würzig ist, denn es ist die eigentliche Seele jeden Salates.

Als Basis sollte folgendes Dressing dienen:

1 EL Essig • 1 Prise Salz • etwas Pfeffer, frisch gemahlen • 1 TL scharfer Senf • 2–3 EL gutes Sonnenblumenöl o.ä.

In einer Glasschüssel mit dem Schneebesen Essig, Salz, Pfeffer und Senf verrühren, erst dann das Öl langsam daruntermengen.

Variationen für diese Basis sind:

- Feingehackte Kräuter (Petersilie, Schnittlauch, Dill, Maggikraut, Kerbel, Estragon, Basilikum, Zitronenmelisse) und / oder
- ein hartgekochtes Ei, klein geschnitten, und / oder
- geschälte Tomatenstückchen zum Daruntermengen.

Falls das Salatdressing etwas zu sauer geraten ist, kann man es durch Zugabe eines hartgekochten, kleingeschnittenen Eies oder einer geschälten, in kleine Stücke geschnittenen Tomate retten.

Armagnac-Salatdressing

100 g Mayonnaise • 4 EL geschlagenes Obers • 20 ml Armagnac • 1 Prise Salz • 1 Prise Paprika • 1 EL Zitrone

Alle Zutaten vermischen, abschmecken.
Paßt zu allen Blattsalaten.

Erdäpfelsalat-Dressing

250 ml Rindsuppe • 2 EL Weißweinessig • 1 rote Zwiebel • Salz • Pfeffer, frisch gemahlen • Zucker • 1 Msp. Dijonsenf • 1 EL Kürbiskernöl • Schnittlauch

Die Suppe aufkochen, mit Zucker, Pfeffer, Senf, Salz und Weißweinessig abschmecken. Die blättrig geschnittenen Erdäpfel damit marinieren. Zwiebel fein schneiden und unter den Erdäpfelsalat mischen. Zum Schluß das Kernöl unterrühren.

French-Dressing

60 ml Olivenöl • 1/2 EL Dijonsenf • 1 Knoblauchzehe, zerdrückt • 1 EL Essig • Pfeffer, frisch gemahlen • 1 EL Joghurt

Öl mit Senf glattrühren, Gewürze, Essig und Joghurt dazugeben.

Gorgonzola-Dressing

30 g Gorgonzola • 125 ml Schlagobers • 1 EL Zitronensaft • Salz • Pfeffer, frisch gemahlen

Gorgonzola passieren, Schlagobers nach und nach unter Rühren mit dem Handmixer dazugeben. Sobald die Sauce cremig ist, mit Salz, Pfeffer und Zitronensaft abschmecken.
Paßt zu allen herben Blattsalaten.
Ergibt eine besondere Vorspeise, wenn man gehackte Walnüsse über den Salat streut.

Kernöl-Rahm-Dressing

2 EL Balsamicoessig • 4 EL Kernöl • 2 EL Sauerrahm • 50 ml Schlagobers • Salz • Pfeffer, frisch gemahlen • Petersilie, gehackt

Alle Zutaten mit dem Handmixer glattrühren, kurz vor dem Servieren mit dem Salat mischen.

Kräuter-Joghurt-Dressing

250 ml Joghurt • 1 Zwiebel • 2 Knoblauchzehen • Dill • Petersilie • Basilikumblätter • 3 EL Zitronensaft • 3 EL Olivenöl • Salz • Pfeffer, frisch gemahlen • 1 Prise Zucker

Zwiebel schälen und sehr fein schneiden. Knoblauch schälen und zerdrücken. Joghurt, Zwiebel, Knoblauch und die kleingehackten

Kräuter und Gewürze verfeinern den Geschmack

Kräuter mit Zitronensaft und Olivenöl verrühren. Mit Salz, Pfeffer, Zitronensaft und Zucker abschmecken.

Kräutermarinade

3–4 EL Maiskeimöl • 1–2 EL Essig • 1 KL Knorr Aromat • 1 Prise Zucker • 2 EL gehackte Kräuter (z.B. Dill, Schnittlauch, Petersilie, Maggikraut) • 1/2 KL Estragonsenf

Kräutermarinade

DRESSINGS

Alle Zutaten (außer dem Maiskeimöl) verrühren, 10 Minuten ziehen lassen, dann das Öl einmischen.
Für alle Blattsalate, Fisolen-, Karfiolsalat.

Kräuter-Obers-Dressing

125 ml Schlagobers • 2 EL Mayonnaise • 2–3 EL Essig • Saft von 1 Zitrone • Petersilie • Dill • 1 KL Sardellenpaste • 1 KL Zucker

Schlagobers steif schlagen, mit Mayonnaise, Essig und Zitronensaft verrühren. Kräuter waschen, fein hacken und mit Sardellenpaste und Zucker unter die Sauce rühren.

Eignet sich für Kopf-, Chicoree-, Sellerie-, Karotten- und Schwarzwurzelsalate.

Roquefortdressing

125 ml Maiskeimöl • 2–3 EL Essig • 125 ml Joghurt • Pfeffer, frisch gemahlen • Zucker • Senf • 60 g passierter Roquefort • 1 kleine, feingehackte Zwiebel

Roquefort mit Essig, Zwiebel und Maiskeimöl aufschlagen, pikant abschmecken und Joghurt einmischen.

Sauerrahm-Honig-Dressing für Blattsalate

4 EL Sauerrahm • 1 EL Honig • 2 EL Essig • 1 EL Olivenöl • Salz

Alle Zutaten in einem Mixbecher gut durchmischen, über den gewaschenen Salat gießen und verrühren.

Senfdressing

4 Eier, hartgekocht • 4 EL Englischer Senf oder Estragonsenf • 4 EL Maiskeimöl • 2 EL Zitronensaft • Salz • Pfeffer, frisch gemahlen

Eier schälen. Die Dotter aus dem Eiweiß lösen und mit einer Gabel zerdrücken. Eiweiß in kleine Würfel schneiden und über den Salat streuen. Dotter mit dem Senf vermischen und unter ständigem Rühren nach und nach Öl dazugießen. Mit Salz, Pfeffer und Zitronensaft abschmecken.
Diese Sauce können Sie für Blattsalate, aber auch für Nudel- oder Gemüsesalate verwenden.

Sherry-Salatdressing

1 Ei • 100 ml Sherry • 3 KL Zucker • 2 EL Orangensaft • 1 EL Zitronensaft • 1 KL Butter • 3 EL geschlagenes Schlagobers

Alle Zutaten außer Schlagobers im heißen Wasserbad aufschlagen. Die Masse darf jedoch nicht kochen! Kalt stellen, dabei öfters durchschlagen. Vor dem Servieren geschlagenes Obers unterziehen.

Tsatsiki

1 Salatgurke • 125 ml Sauerrahm • 125 ml Joghurt Salz • Knoblauch nach Bedarf • 1 EL Weinessig • 1 EL Olivenöl • etwas Zitronensaft • Dill, fein gehackt

Links: Currysauce

Rechts: Tsatsiki

Joghurt in ein feines Sieb geben und abtropfen lassen. Salatgurke waschen (bzw. schälen) und fein hacken, etwas ausdrücken. Feingehackte Gurke mit Sauerrahm, Joghurt und den anderen Zutaten gut vermischen. Anschließend kühl stellen. Mit feingehacktem Dill bestreut servieren.

Walnuß-Dressing

1 Knoblauchzehe • 6 EL Walnußöl • 2 EL Zitronensaft • Salz • Pfeffer, frisch gemahlen • 1 Prise Zucker • 1 Ei, hartgekocht • 5–6 Walnußkerne • 1 EL gehackte Kräuter • (Kerbel, Maggikraut, Petersilie, Estragon, Dill, Schnittlauch)

Ei schälen, fein hacken. Walnußkerne ebenfalls fein hacken. Knoblauchzehe abschälen, durchpressen. Öl und Zitronensaft verrühren, Ei, Walnußkerne, Knoblauchzehe und Kräuter daruntermischen, mit Salz, Pfeffer und Zucker würzen.
Paßt vorzüglich zu einem Wildblattsalat als Vorspeise.

Weißwein-Salatdressing

2 KL Zucker • 1 Prise Salz • Saft einer 1/2 Zitrone • 125 ml Weißwein • 1/2 Tasse Olivenöl

Zutaten gut verrühren, kalt stellen. Vor der Verwendung nochmals durchrühren.

Wein-Salatdressing

Saft einer 1/2 Zitrone • 65 ml Weißwein • 6 EL Salatöl • 1 KL Englischer Senf • Salz

Zutaten gut verrühren. Die Sauce sollte dicklich und nicht zu dünnflüssig sein. Kalt stellen und vor dem Verzehr nochmals durchrühren.

PESTO
Salz

PESTO

PESTO

Da ich den Sommer über sehr viel Basilikum anbaue und frisch nicht so viel verbrauchen kann, verarbeite ich es für den Winter zu Pesto. Dieses ist eine cremige Paste, die gut zu Nudeln, einer Minestrone oder auch auf ein getoastetes Weißbrot als kleine Zwischenmahlzeit paßt. Für ein Pesto benötigt man gutes Olivenöl, Kräuter (meist Basilikum), Knoblauch und Kerne (Walnuß- oder Pinienkerne). Als Arbeitsgeräte benötigt man Messer, Knoblauchpresse, Mörser, Mixer mit Aufsatz, Handmixer.

Basilikum-Pesto

200 g Basilikum • 1 Prise Salz • 2 Knoblauchzehen • 2 EL Pinienkerne • 6 EL geriebener Parmesan • Olivenöl nach Bedarf

Basilikum waschen, Blätter von den Stielen zupfen und hacken. Mit einer Prise Salz, 2 durchgepreßten Knoblauchzehen und den Pinienkernen in einem Mörser zu einer Pasta zerstoßen. Dann den Parmesan dazurühren. Tropfenweise so viel Öl zugeben, daß die Masse fest bleibt.
Nun friere ich kleine Portionen ein, die ich vor Gebrauch (Haltbarkeit 4–6 Monate) auftaue.
Nach dem Auftauen mische ich noch eine zerdrückte Knoblauchzehe, etwas Parmesan und Öl unter diese Masse. Da ich das Pesto hauptsächlich zu Spaghetti serviere, verrühre ich es vor dem Servieren noch mit einigen Eßlöffeln Spaghettiwasser.

Bärlauch-Pesto I

100 g Bärlauchblätter • 30 g Pinienkerne • 2 Knoblauchzehen • 6 EL Olivenöl • Salz • Pfeffer, frisch gemahlen • 30 g geriebener Parmesan

Bärlauchblätter waschen, trockentupfen, event. Stiele abschneiden. Anschließend klein schneiden und mit allen Zutaten (außer Parmesan) im Mixer pürieren, zuletzt den geriebenen Parmesan untermengen.

Bärlauch-Pesto II

100 g Bärlauchblätter • 7 g Salz • 100 ml Sonnenblumen- oder Olivenöl

Die jungen Bärlauchblätter waschen und trockentupfen, anschließend fein hacken. Danach mit Salz und Öl in einer Schüssel gut verrühren, bis sich das Salz vollständig aufgelöst hat. Gut verschlossen, vor Licht und Sonne geschützt, ist es bis zu einem Jahr haltbar. Überall wo es gilt, einen Hauch von Knoblauch beizugeben (z.B. für Suppen, Saucen, Teigwaren oder Aufstriche), ist dieses Pesto ideal.
Mit Salz jedoch sparsam umgehen, da schon viel Salz enthalten ist.

PESTO

Dill-Kresse-Pesto

50 g Dill, fein gehackt • 50 g Kresse, fein gehackt • 50 g Pinienkerne, fein gehackt • 50 g geriebener Parmesan • 2 Knoblauchzehen, zerdrückt • 50 ml Olivenöl

Kräuter, Pinienkerne, Parmesan und Knoblauch mit dem Mixer etwas verrühren, nach und nach Öl einrühren, bis das Pesto die gewünschte Konsistenz erreicht hat.

Mandel-Pesto

100 g Mandeln, gehobelt • 100 g Pinienkerne • 100 g geriebener Parmesan • 30 g Knoblauch • Basilikum • 60 ml Olivenöl • Salz

Mandeln und Pinienkerne sehr fein hacken (Cutter). Basilikum fein schneiden, Knoblauch pressen oder hacken und alle Zutaten gut miteinander vermischen. In kleine Gläser abfüllen und kalt stellen.
Die gekochten Nudeln vor dem Anrichten mit dem Pesto vermengen.

Mandel-Pesto

Walnuß-Pesto

1 EL Olivenöl • 30 Stk. 1/2 Walnüsse • 1 Schale Basilikumblätter, klein geschnitten • 50 ml Olivenöl • 100 g geriebener Parmesan • Salz • Pfeffer, frisch gemahlen

In eine heiße Pfanne 1 EL Olivenöl geben und die Walnüsse darin etwas anrösten. Basilikumblätter, Olivenöl, Parmesan, Salz, Pfeffer nicht zu lange mixen, abschmecken, zu den Nüssen geben, noch etwas durchrösten. Event. etwas gehackte Wacholderbeeren darüberstreuen.
Zu Hirschlungenbraten-Carpaccio und getoastetem Weißbrot reichen.

AUS UNSEREM PROGRAMM:

ISBN 3-7020-0639-7

Marianne Dam / Irene Kramer

BROTBACKEN

Vom Vollkornbrot bis zum Salz- und Süßgebäck

4., erweiterte Auflage, *129 Seiten, durchgehend vierfarbig, mit über 100 Zeichnungen und Fotos, Hardcover.*

Hobbybäcker und solche, die es noch werden wollen, finden in diesem Buch viele nützliche Tips und praktische Ratschläge über das Brot- und Gebäckbacken. Dies geht von den Grundzutaten, wie Mehl, Germ (Hefe), Wasser, Salz usw., über die Zubereitung und Behandlung des Brot- oder Gebäckteiges bis zum Backofen und dem eigentlichen Backen.
Zahlreiche Skizzen über die möglichen Gebäckformen, wie Kipferln, Stangerln, Weckerln, Striezel und vieles andere, laden zum Ausprobieren ein.
120 Rezepte bieten große Auswahlmöglichkeiten und machen das Buch zu einem wertvollen Ratgeber!

ISBN 3-7020-0789-X

Marianne Obermair / Romana Schneider

HALTBARMACHEN

Gemüse – Kräuter – Pilze

144 Seiten, zahlreiche farbige Abbildungen, grifffester Umschlag, brosch.

Von Großmutters Zeiten bis heute: Dieses Buch mit seiner Vielzahl von alten und neuen Rezepten gibt umfassend darüber Auskunft, wie Gemüse, Kräuter und Pilze haltbar gemacht werden können. Es beschreibt u.a. das Einfrieren, Einkochen, Einlegen in Essig, Öl oder Salz, das Einsäuern (z.B. Sauerkraut), das Trocknen (von Kräutern und Pilzen), das Mahlen (von Pilzen und Paprika) sowie das Herstellen von Pasten, Chutneys, Gemüsemarmeladen, Würzölen und -mischungen bis hin zum Einwintern von Frisch- und Wurzelgemüse. Darüber hinaus bringt es noch viele Tips für bäuerliche Direktvermarkter. Pflichtlektüre für Hausfrauen und -männer, Gartenbesitzer, Pilzsucher und alle, die Wert auf gesunde oder ausgefallene Nahrung legen.

Bestellen Sie unverbindlich und kostenlos unser Gesamtverzeichnis:
A-8011 Graz • Hofgasse 5 • Postfach 438 • Telefon (0 316) 82 16 36